Am Anfang steht die Milch

Man sollte die Milch eigentlich »das weiße Wunder« nennen. Sie ist unter allen Lebensmitteln einzigartig, enthält fast alle Nährstoffe, die der Mensch benötigt, und die auch noch in einer besonders günstigen Form. Außerdem dient Milch, bei uns überwiegend die von Kühen, als Ausgangsstoff für weitere Lebensmittel: Aus ihr werden Tausende von Käsesorten hergestellt, sie liefert die Sahnefamilie von Rahm über Sauerrahm bis Crème double, ihr Fett ist die Butter, Milch wird zu Quark und Frischkäse, cremig oder gekörnt, Dickmilch, Sauermilch, Schwedenmilch, Kefir, Joghurt – die komplette Liste würde lang.
Der besondere Wert von Milch und Milchprodukten liegt in ihrem Gehalt an hochwertigem Eiweiß, energiespendenden Kohlenhydraten in Form von Milchzucker, leicht verdaulichem Milchfett und einer Fülle von wichtigen Vitaminen wie A, B2 und B12 sowie Pantothensäure, dazu Mineralstoffe wie Kalzium, Magnesium, Phosphor und Jod.
Beachtlich ist der Kalziumgehalt, der bei Milchprodukten besonders hoch ist und günstig aufgenommen werden kann, da sie weitere Stoffe enthalten, die die »biologische Verfügbarkeit« verbessern. Eine höhere Kalziumzufuhr ist nicht nur für Kinder und Jugendliche, sondern auch für Erwachsene und Ältere wichtig, um einer Knochenerweichung mit größerer

Neigung zu Knochenbrüchen und Verkrümmung des Rückens (Osteoporose) im Alter vorzubeugen. Mit einer guten Kalziumversorgung, die durch einen Liter Milch oder der entsprechende Menge Milchprodukte pro Tag (bei Hartkäse genügen bereits 100 g) zu erreichen ist, kann in der ersten Lebenshälfte der Knochenaufbau und -erhalt gesichert, in der zweiten Lebenshälfte der übermäßige Kalziumabbau verhindert werden. Zusammen mit körperlicher Bewegung ergibt das die beste Vorbeugung gegen Osteoporose.
Allerdings vertragen nicht alle Menschen die Milch gleich gut. Eine Allergie gegen Milcheiweiß kann auftreten, in seltenen Fällen entwickelt sich eine Unverträglichkeit für Milchzucker, die sich durch Koliken und Durchfall äußert. Ursache ist ein Mangel an dem im Darm wirksamen Enzym Lactase, das den Milchzucker (Lactose) in seine Bausteine aufspaltet. Trotzdem werden dann oft noch Sauermilchprodukte, Butter und reifer Käse gut vertragen, die nur noch Spuren von Milchzucker enthalten.

Sauer ist nicht schlecht

Es ist nicht immer ein Unglück, wenn Milch sauer wird. Milch ist zwar ein leicht verderbliches Produkt, aber seitdem Menschen die Kühe, Schafe und Ziegen melken, haben sie deren Milch auch sauer werden lassen. Dabei entsteht, je nach Umständen, Dickmilch

oder Sauermilch, Quark, Joghurt oder Kefir. Je ausgefeilter der Umgang mit der Milch wurde, desto mehr Erzeugnisse rund um die Milch gesellten sich zu den naturgegebenen Produkten hinzu: Buttermilch, Sahnedickmilch, Joghurtmischungen mit Früchten, Frischkäse in verschiedenen Fettstufen, körniger Frischkäse und vieles mehr.

Die frischen Käse

Zur Familie der Frischkäse zählt man den Quark mit seinen verschiedenen Fettstufen, bürokratisch »Speisequark«, je nach Region auch Topfen, Schmierkäse, Bibbeleskäse, Weißkäse, Luckeleskäse, Matte oder Matz genannt, den Schichtkäse und den körnigen Schichtkäse (Hüttenkäse), Rahm- und Doppelrahm-Frischkäse. Gemeinsam ist das Prinzip, Milch kurzzeitig zu erhitzen (pasteurisieren), mit Milchsäurebakterien, meist auch noch mit Lab, zu säuern und dick werden zu lassen. Quark entsteht, wenn die dicke Frischkäsemasse geschleudert (zentrifugiert) wird, um überschüssige Flüssigkeit, die Molke, zu entfernen. Danach wird die Masse zartcremig passiert. Der Magerquark muß mindestens 18% Trockenmasse und 12% Eiweiß haben, sein Fettgehalt liegt unter 1%. Wird bei der Herstellung noch Rahm (Sahne) zugegeben, so erhält man Quark mit höherem Fettgehalt bis zum Sahnequark mit 40% Fett – hier aber als

Ein frisches Vergnügen

Quark, Joghurt, Kefir, Frischkäse – diese und andere
Milchprodukte erfreuen sich bei jung und alt großer
Beliebtheit. Sie schmecken nicht nur zum Frühstück,
sondern eignen sich hervorragend als Zutat zu pikanten kalten Vorspeisen, leichten Gemüsegerichten und
Aufläufen, raffiniert gewürzten und gebeizten Fisch-
und Fleischgerichten und originellen Desserts. Vor
allem die Küchen rund ums Mittelmeer, der Türkei,
Indiens und des gesamten Orients steuern klassische
und ganz neue Rezeptideen bei.
Lassen Sie sich von der Vielfalt der weißen Köstlich-
keiten überraschen!

Die Farbfotos gestaltete Odette Teubner.

Großmutter bereitete ihren Quark selber zu, indem sie die Milch in einem Steinguttopf im kühlen Keller stehen ließ, bis die Milch von selber sauer und dick wurde. Sie goß die dicke Milch dann in ein mit einem durchlässigen Tuch ausgelegtes Sieb und ließ sie so lange abtropfen, bis sie einen festen Quark erhielt. Für bestimmte Gerichte, bei denen der Quark sehr trocken sein muß, läßt man ihn auch heute noch auf die gleiche Art abtropfen.

»F. i. Tr.«, als Fettgehalt in der Trockenmasse, also ohne den Wassergehalt, der bei Quark sehr hoch ist, so daß tatsächlich nur gut 10 g Fett in 100 g Sahnequark stecken. Schichtkäse oder Schöpfkäse wird nicht zentrifugiert, sondern die dickgelegte Milch, bei der sich Schichten mit verschiedenem Fettgehalt abgesetzt haben, wird lagenweise in Formen geschöpft, damit die Molke ablaufen kann, und dann ungemischt verpackt. Die fetteren Schichten darin sind an ihrer buttergelben Farbe zu erkennen. Frischkäse hat mindestens 10% Fett i. Tr.

Für den körnigen Schichtkäse, der als »Cottage Cheese«, als Hüttenkäse, aus den USA zu uns kam, wird Säure-Lab-Quark kleingeschnitten und noch einmal leicht erwärmt. In der Wärme ballen sich die Quarkbröckchen zu festen Kügelchen zusammen. Ist die Molke abgetropft, werden sie noch einmal gewaschen, damit die Körner nicht zusammenballen. Der körnige Frischkäse wird meist mit 10% oder 20% Fett i. Tr. angeboten.

Die »Creme« der Schichtkäsefamilie sind die Rahm- und

5

Doppelrahm-Frischkäse. Sie werden wie Quark, aber mit viel Sahne (Rahm) hergestellt und stärker zentrifugiert, so daß sie weniger Molke enthalten und fester sind. Rahmfrischkäse enthält mindestens 50% Fett i. Tr., Doppelrahm-Frischkäse 60 bis 85% Fett i. Tr. (wobei die Trockenmasse 39% beziehungsweise 44% des Gesamtgewichts beträgt).

Außer den »Natur«-Frischkäsesorten gibt es eine Vielzahl von Zubereitungen: mit Kräutern, Knoblauch, Nüssen, sogar mit Früchten, Rum oder Ananas. Auch im Ausland findet man viele Vertreter der Frischkäsefamilie: in Frankreich eine Fülle von Frischkäsen wie Demisel (leicht gesalzen, aus Kuhmilch), Ziegenfrischkäse (natur oder in Kastanienblätter eingewickelt) und Zubereitungen mit Kräutern oder Gewürzen. Aus Italien stammt der Ricotta (bedeutet »Quark«), ein vollfetter Molkequark aus Kuh- oder Schafmilch, der Mascarpone aus Milch und Sahne, butterähnlich weich und sahnig. Aus Griechenland stammt der Manouri, ein Schafmilch-Frischkäse, und der bekannte Feta (original aus Schafmilch).

Joghurt – für die Gesundheit

Bekannt wurde der Joghurt bei uns, weil ihm lebensverlängernde Eigenschaften nachgesagt wurden. Man vermutet, daß die Bulgaren, Weltmeister im Joghurtverzehr, deshalb ein auffallend hohes Lebensalter erreichen. Bedenkt man die vielen gesunden Bestandteile der Milchprodukte, so scheint das durchaus möglich, aber vor allem ißt man in den Balkanländern und im Orient viel Joghurt, weil er erfrischt und nicht belastet. Die ersten Hirten erkannten bald, daß die Milch ihrer Tiere, damals Schafe und Ziegen, säuerte, wenn sie nicht sofort getrunken wurde. Aber diese saure Milch schmeckte ihnen so gut, daß sie sie lieber tranken als frische. Bei uns hat es wesentlich länger gedauert, bis der Joghurt populär wurde. Die Mongolenhorden des Dschingis-Khan sollen ihn mitgebracht haben, als sie halb Europa verwüsteten. Erst in den einfachen Küchen des Mittelalters fand er nach und nach seinen Platz. Aber schon vorher stellte die Bäuerin frische Milch in den Keller, bis sie stockte, dick und säuerlich wurde.

Bakterien und Pilze am Werk

Trotzdem dauerte es noch bis in unser Jahrhundert hinein, ehe Forscher erkannten, daß an der geheimnisvollen Umwandlung von süßer Milch zu säuerlichem Endprodukt winzige Bakterien und Pilze beteiligt sind, die sich damit beschäftigen, süßen Milchzucker in saure Milchsäure zu verwandeln. Ähnliches geschieht bei der Verwandlung von Weißkohl in Sauerkraut. Bakterien schwirren in der Luft herum und warten nur darauf, sich auf einem geeigneten Ausgangsstoff niederzulassen, um sich massenhaft zu vermehren. In warmen Ländern wurde sozusagen von selbst Joghurt gewonnen, weil die Bakterien – die ersten wurden bezeichnenderweise »Lactobacillus bulgaricus« genannt – zu ihrer Vermehrung Wärme benötigen. Deshalb muß man, will man selbst Joghurt herstellen, die mit Keimen geimpfte Milch gut warm halten.

Säure wird geweckt

Sauermilchprodukte werden heute industriell erzeugt und mit besonderen Milchsäurekulturen gesäuert. Die jeweilige Zusammensetzung der Kulturen, auch »Säurewecker« genannt, bestimmt das Ergebnis. Bei dieser Umwandlung, man könnte den Vorgang auch »Gärung« nennen, wird ein Teil des Milchzuckers zu Milchsäure verwandelt, gleichzeitig das Milcheiweiß aufgeschlossen, so daß diese Produkte besonders gut verdaulich sind. Die natürliche Säuerung bewirkt auch, daß die Mitglieder der Sauermilch-Familie von Natur aus haltbar sind. Kommen keine leichtverderblichen Zutaten dazu, halten sie gekühlt längere Zeit ohne Konservierungsmittel.

Die eigentliche Sauermilch und die Dickmilch, sozusagen die klassischen Produkte, unterscheiden sich nur unwesentlich, beide sind durch spezielle Bakterienkulturen (Streptococcus lactis und Streptococcus cremoris) gesäuerte und dickgelegte Milch. Ist das Ergebnis stichfest, heißt es Dickmilch, ist es flüssiger, Sauermilch oder auch Schwedenmilch; alles gibt es in verschiedenen Fettgehaltsstufen und natürlich außer als Naturprodukt noch in vielerlei süßen Zubereitungen. Buttermilch entsteht dagegen als »Abfallprodukt« bei der Buttergewinnung, sie ist eiweißreich, aber fettarm und enthält viel Kalzium. Die »reine Buttermilch« ist dickflüssiger und haltbarer als die einfache Buttermilch, der bis zu 10% Wasser oder 15% Magermilch zugesetzt werden dürfen. Gut gekühlt ist Buttermilch ein erfrischendes, kalorienarmes Getränk ebenso wie die Molke, die als fast durchsichtige Flüssigkeit bei der Käseherstellung abfällt.

Ebenfalls ein Sauermilchgetränk ist der Kefir, der ursprünglich aus dem Kaukasus stammt. Er schmeckt herzhaft säuerlich, pikant und prickelt leicht. Im Gegensatz zu den anderen Mitgliedern der Milchfamilie enthält er meist eine kleine Menge an Alkohol (0,1 bis 0,6%), der sich bei der Herstellung entwickelt: Der Milch werden Kefirkörner zugegeben, die Milchzucker vergärende Hefen enthalten, die Kohlensäure, aber auch etwas Alkohol entwickeln. Die Gärung der Hefe geht auch nach dem Abfüllen weiter, so daß sich der Deckel mehr und mehr wölbt – bei Kefir ist das kein Zeichen von Verderb, sondern bürgt für Qualität und pikanten Geschmack. Viele Hersteller sind allerdings dazu übergegangen, den Hefezusatz klein zu halten oder sogar abzutöten, so daß das Produkt eher Sauermilch als Kefir ist oder nicht mehr weiter reift. Doch auch Kefir läßt sich mit den entsprechenden Kulturen leicht selbst herstellen.

Die Fettstufen

Bei allen Sauermilchprodukten unterscheidet man verschiedene Fettstufen, die sich aus der zur Herstellung verwendeten Milch ergeben. Die Bezeichnung entspricht meist der Milchsorte, die eingesetzt wird, wobei zur Herstellung die Milch zunächst auf die gewünschte Fettstufe eingestellt (meist also entrahmt), dann homogenisiert (die Fettröpfchen feinst verteilt) und schließlich zur Abtötung unerwünschter Keime erhitzt (pasteurisiert) wird. Zum Beispiel beim Joghurt kommen diese Fettstufen (nicht auf die Trockenmasse bezogen) in den Handel:

Festerer, cremig gerührter oder Trinkjoghurt und Beeren gehen eine ideale Kombination ein, ob bei einem frischen Obstsalat aus Erdbeeren und Kirschen, einem Joghurteis auf Beeren-Ratatouille oder als Verzierung für einen Dickmilch-Wackelpeter.

Magermilchjoghurt mit 0,3% Fett (etwa 32 kcal pro 100 g), fettarmer Joghurt mit 1,5% Fett (etwa 44 kcal pro 100 g), Vollmilchjoghurt mit 3,5% Fett und mehr je nach Fettgehalt der Ausgangsmilch (ab 61 kcal pro 100 g), Sahnejoghurt mit 10% Fett (124 kcal pro 100 g). Außerdem gibt es noch Spezial-Joghurtsorten wie den griechischen Schafmilchjoghurt mit meist 7% Fett.

Stichfest oder gerührt

Beim Joghurt gibt es zwei Herstellungsverfahren: Milch für »stichfesten« Joghurt wird vorbereitet und geimpft, in Gläser oder Becher gefüllt, in denen sie säuert und reift, sie wird im Verkaufsgefäß fest und kompakt. Der »gerührte« Joghurt wird in großen Tanks angesetzt und fertiggestellt, durch Rühren cremig geschlagen und erst dann abgefüllt. Diese Methode wird besonders bei Fruchtjoghurts angewandt. Damit der Joghurt beim Säuern nicht soviel Molke absetzt, wird die Milch vorher angereichert: indem man sie eindampft und konzentriert oder – gebräuchlicher – Milcheiweiß in Form von Milchpulver zusetzt. Schließlich kann ein gerührter Joghurt, besonders Frucht-Joghurt, auch durch Bindemittel wie Gelatine oder Speisestärke »dicker« gemacht werden. Ein nicht angereicherter, gerührter Joghurt ohne Milchpulver- oder Bindemittelzusatz ergibt den »Trinkjoghurt«, der weitaus dünnflüssiger ist.

Für den Geschmack ist beim Naturjoghurt noch entscheidend, mit welchen Joghurtkulturen die Milch am Anfang »geimpft« wurde: Streptococcus thermophilus (bildet L(+)-Lactat), Lactobacillus bulgaricus (bildet D(−)-Lactat), Lactobacillus acidophilus, Lactobacillus bifidus, Lactobacillus biogarde.
Über den Geschmack entscheidet auch, wie lange die Milch-Joghurtkultur-Mischung in der Wärme reifen darf. Während bei uns ein kurzes Verweilen im »Brutofen« praktiziert wird, um einen milden (geschmacksneutralen) Joghurt zu erzielen, wird in klassischen Joghurtländern dem Ansatz mehr Zeit gelassen, um seinen typischen Geschmack und seine pikante Säure zu entwickeln.

Nicht nur in Griechenland, Indien oder der Türkei: Zu Vorspeisen, zur Erfrischung oder als kalte Sauce in mild oder pikant gewürzten, oft nach Knoblauch duftenden Speisen sind Joghurt-Zubereitungen höchst beliebt.

Rechts- oder linksdrehend

Die Milchsäure in Joghurt und Dickmilch wurde lange Zeit falsch eingeschätzt und hat eine blühende Industrie entstehen lassen. Die Säure wird von den Bakterienkulturen aus Milchzucker (Lactose) gebildet, das Ergebnis kann eine »linksdrehende« oder eine »rechtsdrehende« Milchsäure sein. Beide sind in ihrer Zusammensetzung identisch, doch ihre kleinsten Bestandteile sind im Aufbau genau spiegelbildlich angeordnet. Dadurch wird im Labor ein spezielles Licht entweder nach rechts oder nach links von seinem geraden Weg abgedreht. Da man zunächst im menschlichen Körper nur die rechtsdrehende L(+)-Milchsäure fand, nahm man an, die linksdrehende D(−)-Milchsäure sei für uns weniger geeignet, stelle sogar eine Belastung für den Stoffwechsel dar und könne schädliche Wirkungen haben. Eine rege Zucht von speziellen Bakterienkulturen entstand, die nur rechtsdrehende Milchsäure erzeugen sollten und in großen Mengen an die Milchindustrie geliefert wurden, die sich nun mit dem Aufdruck »Bifidus« oder »Biogarde« einen zusätzlichen Pluspunkt sichern wollten. Daß diese Unterscheidung zwischen »guter« und »schlechter« Milchsäure für Erwachsene unerheblich ist, wurde schon vor längerer Zeit erkannt, und auch die Weltgesundheitsorganisation (WHO), die noch 1967 die Tagesdosis begrenzen wollte, hat bereits 1974 diese Empfehlung ersatzlos aufgehoben, da sie nicht wissenschaftlich begründbar war. Doch selbst Ernährungswissenschaftler halten noch heute an der entgegengesetzten Meinung hartnäckig fest wie seinerzeit am berühmten »hohen Eisengehalt« im Spinat. Lediglich die Säuglingsnahrung sollte keine D(−)-Milchsäure enthalten, ansonsten wird die linksdrehende Milchsäure zwar etwas langsamer abgebaut, aber vom Körper genauso verarbeitet wie die rechtsdrehende.

Sauermilchprodukte mit rechtsdrehender Milchsäure sind in der Regel weniger säurereich und tragen daher die Aufschrift »mild«. Wer den ursprünglichen säuerlichen Geschmack schätzt, sollte auf den aromatischeren »Bulgara«-Typ achten. Vor allem für die Gerichte aus den Balkanländern, aus Indien oder dem Orient benötigt man einen säuerlichen Joghurttyp, den man auch leicht selbst herstellen kann (siehe Rezept Seite 10).

Milchprodukte in der Küche

Der milde bis pikant-säuerliche Geschmack dieser Milchprodukte erfrischt besonders in der warmen Jahreszeit. Aber ein Blick in die Töpfe vieler Länder zeigt, daß Quark und Joghurt dort auch in der Küche eine wichtige Rolle spielt. Besonders in Indien, in der Türkei und in Griechenland gehören die Sauermilchprodukte zu vielen Rezepten und Zubereitungen. Sie runden dabei den Geschmack ab, geben den Gerichten eine frische, säuerliche Note, machen Saucen weich, sahnig und rund, ohne daß man sich dabei vor zu vielen Kalorien fürchten müßte. Die meisten dieser Milchprodukte haben nämlich einen ziemlich niedrigen Fettgehalt.

Die Liste, wofür Sie die Sauermilchprodukte verwenden können, ist fast endlos lang. Den ganzen Tag, vom Frühstück bis zum späten Abendimbiß, schmecken Joghurt, Quark und Dickmilch. Mixgetränke mit Joghurt, Buttermilch und Kefir mögen groß und klein. Kühle Suppen sind im Sommer die ideale Einleitung oder eine leichte Zwischenmahlzeit. Salate schmecken mit einem Dressing aus Joghurt oder Quark leichter und besser als mit Mayonnaise oder Öl. Saucen, Schmorgerichte und Eintöpfe lassen sich mit etwas fetteren Sauermilchprodukten binden und verfeinern. Quark und Frischkäse passen in Nudel-, Strudel- oder Hefeteig, sogar Aufläufe bekommen damit eine besonders leckere Kruste. Mit Quark und Joghurt, Sauermilch und Dickmilch lassen sich raffinierte Fisch- und Fleischgerichte zubereiten. Und nicht zuletzt die Desserts – vom Dickmilch-Wackelpeter bis zum Joghurteis auf Früchte-Ratatouille –, hier spielt die Sauermilch ihre klassische Rolle.

Joghurt – selbstgemacht

Joghurt ist wirklich ganz einfach selbst herzustellen.

Zutaten für 1 1/8 l Joghurt:
1 l Milch (Rohmilch vorher abkochen)
eventuell 1 Tasse Magermilchpulver
1 Becher Naturjoghurt, nicht wärme-
behandelt, oder Joghurt-Ferment
(Reformhaus, Bioladen)

Gelingt leicht

Insgesamt etwa:
2700 kJ/640 kcal
33 g Eiweiß · 35 g Fett
48 g Kohlenhydrate

- Zubereitungszeit: etwa
  15 Minuten
- Reifezeit: 5–8 Stunden

1. Die Milch auf 40° erwär-men – das geht auch ohne Thermometer, sie soll gerade gut warm sein.

2. In die Milch das Milch-pulver (der Joghurt wird fester) und den Naturjoghurt quirlen, der nicht wärmebehandelt sein darf (sonst sind die Bakterien nicht mehr aktiv), oder das Joghurt-Ferment nach Vorschrift zugeben.

3. Den Topf zudecken, am besten in ein Handtuch wickeln und an einer warmen, dunklen Stelle sich selbst überlassen. Die warme Stelle kann im Win-ter die Heizung sein, im Som-mer ein Platz unter dem Fen-ster. Sonst kann man den Topf in den Backofen stellen und

den Thermostat auf 40° schal-ten. Je nach Temperatur ist der Joghurt nach 5–8 Stunden fer-tig. Wer ihn säuerlicher liebt, kann ihn auch 12 Stunden und länger reifen lassen, aber nicht zu lange, sonst wird er bitter.

4. Danach muß der Joghurt mindestens einen Tag in den Kühlschrank, damit er seinen Geschmack entwickeln und nachdicken kann. Nun ist er fertig zum Essen oder zum Kochen.

Tips!

Zum Kochen ist ein Sahne-joghurt besser geeignet: 1 Becher Sahne mit 3 Be-cherfüllungen voll Milch und 1–2 Eßlöffel Magermilch-pulver verrühren und erwär-men, Naturjoghurt zugeben, Temperatur und Reifezeit wie oben beschrieben be-achten.
Bei der Milch kann man von der frischen Vorzugsmilch bis zur haltbar gemachten Magermilch alles verwen-den. Allerdings muß Frisch-milch vom Bauern, aber auch die Vorzugsmilch aus dem Kühlregal, immer vor-her abgekocht werden. Bei pasteurisierter oder H-Milch ist das nicht notwendig. Es gibt auch elektrisch be-heizte Joghurtbereiter, die selbständig die Temperatur regeln und deren Anschaf-fung sich durchaus lohnt, wenn man sehr oft Joghurt selbst machen will.

Kefir – selbstgemacht

Zutaten für 1 l Kefir:
1 l Milch
Kefir-Ferment (Reformhaus, Bioladen)

Gelingt leicht

Insgesamt etwa:
2500 kJ/600 kcal
33 g Eiweiß · 35 g Fett
40 g Kohlenhydrate

- Zubereitungszeit: etwa
  15 Minuten
- Reifezeit: 1 1/2–2 Tage

1. Die Milch aufkochen, dann zugedeckt auf Zimmer-temperatur abkühlen lassen. Das Kefir-Ferment nach Vor-schrift in die Milch rühren, alles in ein Gefäß mit Deckel füllen (am besten in eine Milch-flasche mit weitem Hals), den Deckel auflegen, aber nicht fest verschließen (die entstehende Kohlensäure muß entweichen können, sonst platzt die Fla-sche).

2. An einem warmen Ort (22–27 °) 1 1/2–2 Tage reifen lassen. Nach dieser Zeit sollte der Kefir fertig sein, er kann aber auch noch länger bis zur pikanten Reife benötigen.

3. Bis zum Verzehr gut durch-kühlen lassen.

Im Bild oben: Kefir – selbstgemacht
Im Bild unten:
Joghurt – selbstgemacht

Kräuter-Tomaten-Kefir

Zutaten für 4 Personen:
10 Blätter Rucola
2 Zweige Petersilie
1 Zweig Selleriegrün
350 g Tomaten
1 grüne Paprikaschote
750 ml Kefir · Muskatnuß, frisch
gerieben
Tabasco · Salz
weißer Pfeffer, frisch gemahlen

Pikant

Pro Portion etwa:
590 kJ/140 kcal
8 g Eiweiß · 7 g Fett
12 g Kohlenhydrate

● Zubereitungszeit: etwa
  30 Minuten

1. Den Rucola, die Petersilie und das Selleriegrün waschen, trockenschleudern. Die Blätter grob zerschneiden.

2. Die Tomaten mit kochendem Wasser 3 Sekunden lang überbrühen, häuten, entkernen, die Stielansätze entfernen und das Fruchtfleisch würfeln.

3. Die Paprikaschote waschen, halbieren, Kerne, Trennwände und Stielansatz entfernen, Fruchtfleisch würfeln.

4. Alles in einen Mixer geben und pürieren, den Kefir zugießen. Mit Muskatnuß, einigen Tropfen Tabasco, Salz und Pfeffer pikant abschmecken. Gut gekühlt, mit einer Zitronenscheibe garniert, servieren.

Ayran

Türkisches Joghurtgetränk, das gern zum Essen getrunken wird.

Zutaten für 4 Personen:
300 g Bulgarajoghurt
Salz
1 Eßl. Zitronensaft
1/2 l Mineralwasser (kohlensäure-
arm)
1/2 Teel. Kreuzkümmel
nach Belieben Minzeblättchen zum
Garnieren

Erfrischend

Pro Portion etwa:
190 kJ/45 kcal
3 g Eiweiß · 3 g Fett
3 g Kohlenhydrate

● Zubereitungszeit: etwa
  15 Minuten
● Kühlzeit: mindestens 1 Stunde

1. Den Joghurt mit 1/2 Teelöffel Salz glatt mixen, Zitronensaft und langsam das Mineralwasser zugießen, dabei weiter mixen.

2. Den Kreuzkümmel im Mörser ganz fein zerstampfen, unterrühren. Den Joghurt mindestens 1 Stunde kühl stellen.

3. In eine Glaskaraffe füllen, nach Belieben mit Minzeblättchen garnieren.

Cassis-Sauermilch

Zutaten für 4 Personen:
500 ml Sauermilch (Schwedenmilch)
100 ml Crème de Cassis (herber
schwarzer Johannisbeerlikör) oder
Grenadinesirup
1 Prise Zimt · Zucker
1 unbehandelte Zitrone
250 g Zitroneneis (fertig gekauft)

Ganz einfach

Pro Portion etwa:
1600 kJ/380 kcal
22 g Eiweiß · 23 g Fett
18 g Kohlenhydrate

● Zubereitungszeit: etwa
  20 Minuten

1. Die gut gekühlte Sauermilch mit Crème de Cassis mixen, mit Zimt und Zucker nach Belieben abschmecken.

2. Die Zitrone heiß abwaschen, mit einem scharfen Messer die Schale als eine lange Spirale dünn abschneiden. Aus der Spirale der Länge nach 4 schmale Streifen schneiden.

3. Das Zitroneneis in 4 Longdrinkgläser verteilen, die Cassis-Sauermilch aufgießen und die Zitronenschalenstreifen an den Rand hängen.

Im Bild oben: Ayran
Im Bild Mitte: Cassis-Sauermilch
Im Bild unten: Kräuter-Tomaten-Kefir

Schwedenmilchsuppe

Sauermilchsuppen schmecken gut gekühlt, aber nicht eiskalt am besten.

Zutaten für 4 Personen:

750 g Schwedenmilch (Sauermilch)

100 g Doppelrahm-Frischkäse

1 Eßl. Zitronensaft

Salz

weißer Pfeffer, frisch gemahlen

1 rote Paprikaschote

1 Eßl. Pflanzenöl

75 g Nordseekrabben

1/2 Bund Basilikum

Gelingt leicht

Pro Portion etwa:
960 kJ/230 kcal
11 g Eiweiß · 13 g Fett
11 g Kohlenhydrate

- Zubereitungszeit: etwa 25 Minuten

1. Die Schwedenmilch und den Frischkäse mit einem Pürierstab oder dem Schneebesen schaumig schlagen, mit dem Zitronensaft, Salz und Pfeffer abschmecken. Kühl stellen.

2. Die Paprikaschote waschen, Stielansatz und Trennwände entfernen, Fruchtfleisch fein würfeln. In einer Kasserolle das Öl erhitzen und die Paprikawürfel dünsten, bis sie gar sind, aber noch Biß haben.

3. Die Paprikawürfel unter die Schwedenmilch rühren. Die Suppe in kleinen Suppentassen anrichten.

4. Die Krabben kurz in der Kasserolle im verbliebenen Öl heißschwenken, mit Salz und Pfeffer würzen und über die Suppe streuen. Mit Basilikumblättchen garnieren.

Kalte Gurkensuppe

Zutaten für 4 Personen:

1 1/2 Salatgurken

1 Bund Dill

1 Zitrone

4 Becher Bulgarajoghurt (à 175 g)

250 g Sauermilch

2 Knoblauchzehen

6 schwarze Oliven

Salz

weißer Pfeffer, frisch gemahlen

Ganz einfach

Pro Portion etwa:
350 kJ/83 kcal
4 g Eiweiß · 3 g Fett
9 g Kohlenhydrate

- Zubereitungszeit: etwa 25 Minuten

1. Die Salatgurken waschen, schälen und längs halbieren. Mit einem Teelöffel die Kerne auskratzen, das Gurkenfleisch fein würfeln.

2. Den Dill waschen, trockenschütteln und fein hacken. Die Zitrone auspressen. Den Joghurt mit der gut gekühlten Sauermilch verquirlen.

3. Die Knoblauchzehen schälen und durch die Presse

zur Joghurtmilch drücken. Von den Oliven das Fruchtfleisch sorgfältig in Streifen von den Kernen schneiden.

4. Joghurtmilch mit Gurkenwürfeln, Zitronensaft und Dill verrühren, mit Salz und Pfeffer abschmecken. Mit den Olivenstreifen bestreut gut gekühlt servieren.

Variante:
Weißer Gazpacho
Dafür nimmt man die kalte Gurkensuppe als Grundlage, braucht aber nur etwa 1/2 Salatgurke, würfelt sie klein und stellt sie zur Seite. Etwa 100 g geschälte Mandeln werden mit dem Blitzhacker oder im Mixer püriert und unter den Joghurt gerührt. Durch die Presse gedrückten Knoblauch nicht vergessen. Zu der gut gekühlten Suppe serviert man in einzelnen Schälchen Gurkenwürfel, dazu Gemüsezwiebel, gehäutete und entkernte Tomaten, gelbe und grüne Paprikaschoten – alles klein gewürfelt – sowie in Butter gebratene Weißbrotwürfel. Das kann an heißen Tagen eine ganze Mahlzeit ersetzen.

Im Bild oben: Schwedenmilchsuppe
Im Bild unten: Kalte Gurkensuppe

Kleine Leckereien mit Frischkäse

Champignons, Chilischoten, Oliven und Tomaten werden mit einer Käsecreme gefüllt und als Vorspeise serviert.

Zutaten für 4 Personen:
200 g Doppelrahm-Frischkäse
1 Bund gemischte Kräuter
3 Eßl. Parmesan, frisch gerieben
1 Prise Paprikapulver, rosenscharf
Streuwürze
ca. 1 Eßl. Sahne
1 Knoblauchzehe
125 g kleine Champignons
3 Eßl. Olivenöl
Salz
weißer Pfeffer, frisch gemahlen
75 ml Weißwein
1 Eßl. Zitronensaft
4 milde grüne Chilischoten oder
2 kleine Paprikaschoten
125 g Kräuteroliven ohne Stein
250 g Kirschtomaten
1 Eßl. Essig
1/4 Gurke
4 Salatblätter zum Garnieren

Für Gäste

Pro Portion etwa:
1600 kJ/380 kcal
13 g Eiweiß · 31 g Fett
7 g Kohlenhydrate

● Zubereitungszeit: etwa 45 Minuten

1. Den Doppelrahm-Frischkäse mit einer Gabel zerdrücken. Die Kräuter waschen und trockenschütteln. Die Blättchen fein hacken.

2. Den Frischkäse mit 2/3 der Kräuter, geriebenem Parmesan, Paprikapulver, Streuwürze und der Sahne zu einer festen Creme verrühren. Die Knoblauchzehe schälen, durch die Presse dazudrücken.

3. Die Champignons säubern, die Stiele ausbrechen und fein hacken, in 1 Eßlöffel Olivenöl andünsten. Die Champignonköpfe darauf setzen (Höhlung nach oben), mit Salz und Pfeffer würzen, den Weißwein und den Zitronensaft angießen, zugedeckt etwa 10 Minuten dünsten.

4. Von den Chili- oder den Paprikaschoten den Stielansatz entfernen, die Schoten mit einem langen, schmalen Messer aushöhlen, in kochendem Wasser etwa 3 Minuten blanchieren, abtropfen lassen. Die Oliven längs aufschlitzen.

5. Die Kirschtomaten waschen, trockentupfen. Dann einen Deckel abschneiden, die Früchte innen mit einem Kugelausstecher aushöhlen.

6. Chilischoten, Oliven und Tomaten mit Frischkäse füllen. Die Champignons aus dem Sud nehmen, Sud durch ein Sieb gießen. Auch die Champignons mit Käsecreme füllen, mit der Käsefüllung in die restlichen Kräuter tupfen.

7. Den Essig mit Salz, Pfeffer und dem restlichen Öl verquirlen. Die Gurke streifig schälen, längs halbieren, die Kerne entfernen, in dünne Scheiben aufschneiden. Die Salatblätter waschen, trocknen und durch die Essig-Öl-Marinade ziehen.

8. Das gefüllte Gemüse auf Tellern anordnen, mit Salatblättern und Gurkenhalbmonden umlegen, den Champignonsud mit der restlichen Essig-Öl-Marinade verrühren und über die Gurkenscheiben träufeln.

Tips!

Statt Frischkäse können Sie auch 200 g Magerquark nehmen, den Sie in einem Sieb gut abtropfen lassen – am besten über Nacht im Kühlschrank – und mit 50 g zimmerwarmer Butter verrühren. Ist die Masse zu weich, nehmen Sie mehr geriebenen Käse. Sehr gut schmeckt auch frisch geriebener, harter Pecorino für die Creme. Als Geschenk können Sie die gefüllten Gemüse in ein schönes Glas schichten und mit Olivenöl übergießen. Gut verschlossen sind die Gemüse etwa eine Woche im Kühlschrank haltbar.

Die gefüllten kleinen Gemüse sind eine erfrischende Vorspeise oder Snack, die in ihrer Farbigkeit auch das Auge erfreuen.

Buchweizen-Schnittchen

Zutaten für 4 Personen:
250 g Weizenmehl
150 g Buchweizenmehl (Bioladen oder Reformhaus)
1 Päckchen Trockenbackhefe
100 ml Milch · Salz
250 g Sahnequark
150 g Doppelrahm-Frischkäse
100 g Sahnedickmilch
1 Knoblauchzehe
1 Bund gemischte Kräuter
weißer Pfeffer, frisch gemahlen
1 Döschen Forellenkaviar (50 g)

Braucht etwas Zeit

Pro Portion etwa:
2500 kJ/600 kcal
23 g Eiweiß · 22 g Fett
78 g Kohlenhydrate

- Zubereitungszeit: etwa 2 Stunden

1. Beide Mehlsorten mit der Hefe, der Milch, 1 Teelöffel Salz und 150 ml warmem Wasser zu einem geschmeidigen Teig kneten. Zugedeckt an einem warmen Ort etwa 20 Minuten gehen lassen.

2. Den Quark mit dem Frischkäse und der Dickmilch verrühren. Den Knoblauch schälen und zerdrücken. Die Kräuter waschen, trockenschütteln, Blättchen fein hacken. Knoblauch und Kräuter unter die Creme rühren, salzen und pfeffern. Kühl stellen.

3. Den Teig nochmals kneten und zu zwei länglichen Broten formen. Die Oberfläche mehrmals schräg einschneiden. Auf ein mit Backpapier ausgelegtes Backblech legen, mit einem feuchten Tuch bedeckt etwa 20 Minuten gehen lassen. Den Backofen auf 200 ° vorheizen, eine Schale mit Wasser auf den Boden des Ofens stellen.

4. Die Brote im Backofen (Mitte, Gas Stufe 3, Umluft 180°) etwa 20 Minuten backen.

5. Die fertigen Brote auf ein Kuchengitter legen und auskühlen lassen. In Scheiben schneiden und dick mit Quarkcreme bestreichen. Jedes Schnittchen mit dem Forellenkaviar garnieren.

Ziegenfrisch-käse mit Balsamico

Originelle Vorspeise.

Zutaten für 4 Personen:
200 g Magerquark
125 g Ziegenfrischkäse (45% Fett i.Tr.), z.B. Cabridoux
30 g Pistazienkerne
Kräutersalz
weißer Pfeffer, frisch gemahlen
1 Bund Basilikum
2 Teel. Honig
4 Eßl. Aceto Balsamico
6 Eßl. Olivenöl · Salz
1/2 Lollo Rosso oder Frisée
Butter für die Förmchen

Ganz einfach

Pro Portion etwa:
1400 kJ/330 kcal
8 g Eiweiß · 16 g Fett
8 g Kohlenhydrate

- Zubereitungszeit: etwa 25 Minuten
- Kühlzeit: 8 Stunden

1. Den Quark auf einem Sieb gut abtropfen lassen. Mit dem Ziegenfrischkäse vermischen. Die Pistazienkerne fein hacken und unterrühren. Mit Kräutersalz und Pfeffer würzen.

2. Kleine Förmchen (etwa 100 ml) mit Butter ausfetten, den Ziegenquark einfüllen und festdrücken, die Oberfläche glatt streichen. Mit Folie bedeckt über Nacht kühl stellen.

3. Zum Servieren die Förmchen kurz in heißes Wasser halten, die Käsemasse am Rand mit einem Messer lösen und auf Vorspeisenteller stürzen.

4. Für die Sauce das Basilikum waschen, trockenschütteln und hacken. Mit dem Honig, dem Aceto Balsamico, dem Öl, Salz und Pfeffer verrühren. Die Salatblätter waschen, abtropfen lassen und auf den Tellern anrichten. Käschen und Salat mit Sauce übergießen. Dazu Vollkorn- oder Walnußbrot servieren.

Im Bild oben:
Ziegenfrischkäse mit Balsamico
Im Bild unten:
Buchweizen-Schnittchen

Joghurt-Täschchen

Pikantes Knabbergebäck.

Zutaten für etwa 40 Täschchen:
250 g Vollmilchjoghurt
1 Päckchen Trockenbackhefe
70 g Butter
85 g Pflanzenöl
Salz
85 ml Milch, lauwarm
1 Eiweiß
600 g Mehl (Type 550)
200 g Schafkäse
125 g Doppelrahm-Frischkäse
1 Bund Dill · 1 Bund Petersilie
1 rote Chilischote oder 1/4 Teel.
Cayennepfeffer
5 Eßl. Olivenöl
Pfeffer, frisch gemahlen · 1 Eigelb
Sesam, hell und schwarz
Backpapier

Braucht etwas Zeit

Bei 40 Täschchen pro Täschchen
etwa:
520 kJ/120 kcal
3 g Eiweiß · 7 g Fett
11 g Kohlenhydrate

• Zubereitungszeit: etwa
2 Stunden

Tip!

Die Täschchen eignen sich
als Knabberei für ein Fest,
da sie gut vorzubereiten
sind. Nachdem sie völlig
abgekühlt sind, in einer
Schüssel mit einem Tuch
abdecken, so bleiben sie
bis zum nächsten Tag frisch.

1. Den zimmerwarmen Joghurt
mit der Hefe verrühren, etwa
10 Minuten quellen lassen. Die
zerlassene, abgekühlte Butter
mit dem Pflanzenöl, 1 Teelöffel
Salz und der Milch verrühren,
mit dem Eiweiß zum Joghurt
geben. Das Mehl darüber sie-
ben, verkneten. Etwa 1 Stunde
gehen lassen.

2. Inzwischen den Schaf- und
den Frischkäse mit einer Gabel
zerdrücken. Dill und Petersilie
waschen, trockenschütteln und
fein hacken. Die Chilischote
entkernen und sehr klein würfeln. Kräuter, Chili oder Cayen-
nepfeffer und das Olivenöl zur
Käsemasse geben, mit Salz
und Pfeffer abschmecken. Den
Backofen auf 225 ° vorheizen.

3. Den Teig zu etwa 40 Kugeln rollen, zu Fladen (10 cm
Durchmesser) formen, 1/2 Teelöffel Käsefüllung darauf setzen, zusammenklappen und
die Ränder gut festdrücken. Auf
ein mit Backpapier ausgelegtes
Backblech setzen. Eigelb mit
etwas Wasser verquirlen, die
Täschchen damit bestreichen.
Sesam darüber streuen.

4. Die Joghurt-Täschchen im
Backofen (oben, Gas Stufe 4,
Umluft 200°) etwa 20 Minuten
backen. Auf einem Kuchengitter auskühlen lassen.

Artischocken mit Kräuter-joghurt

Die Artischocken werden eßfertig vorbereitet und mit einer leichten Joghurtcreme zum Dippen gefüllt.

Zutaten für 4 Personen:

4 große Artischocken

1 unbehandelte Zitrone

1 Bund gemischte Kräuter

(z.B. Petersilie, Schnittlauch, Dill,

Kerbel, Thymian)

2 Eier

2 Knoblauchzehen

50 g Mayonnaise

200 g Sahnejoghurt

Salz

Pfeffer, frisch gemahlen

Raffiniert

Pro Portion etwa:
1000 kJ/240 kcal
11 g Eiweiß · 12 g Fett
11 g Kohlenhydrate

• Zubereitungszeit: etwa
  1 Stunde

Tip!

Die dicken, rundlichen Artischocken mit möglichst breitem Blütenboden eignen sich besonders gut, denn sie haben einen dickeren Boden, der den wertvollsten Teil der distelähnlichen Blüten darstellt.

1. Von den Artischocken die Stiele abbrechen, so daß dabei die harten Fasern aus den Böden herausgezogen werden. Die Blattspitzen abschneiden. Schnittflächen sofort mit etwas Zitronensaft beträufeln. In reichlich Salzwasser mit dem Saft von 1/2 Zitrone etwa 45 Minuten zugedeckt kochen.

2. Die Kräuter waschen, trockenschütteln und ohne die harten Stiele fein hacken. Eier etwa 8 Minuten kochen, kalt abschrecken, pellen und klein würfeln. Den Knoblauch schälen, zerdrücken und mit den Eiern, den Kräutern und der Mayonnaise unter den Joghurt mischen.

3. Die Joghurtcreme mit Salz, Pfeffer, etwas fein geriebener Zitronenschale und 1–2 Eßlöffeln Zitronensaft abschmecken. Die Artischocken umgedreht abtropfen und abkühlen lassen, die inneren Blätter auszupfen und das »Heu« mit einem Teelöffel entfernen. Die Höhlung mit der Sauce füllen.

4. Zum Essen die Artischockenblätter abzupfen, mit dem fleischigen Ende in die Sauce stippen und mit den Zähnen abstreifen.

Weißkraut-salat mit Ingwer

Der pikante Salat paßt gut als Beilage zu asiatischen Gerichten oder als appetitanregende Vorspeise.

Zutaten für 4 Personen:
500 g Weißkraut, geputzt gewogen
Salz
Pfeffer, frisch gemahlen
1 Stück frischer Ingwer (etwa 30 g)
1 Teel. Kreuzkümmel
2 Becher Vollmilchjoghurt (à 175 g)
Saft von 1 Zitrone
nach Belieben Koriandergrün oder
Petersilie zum Garnieren

Scharf-würzig

Pro Portion etwa:
390 kJ/93 kcal
4 g Eiweiß · 3 g Fett
12 g Kohlenhydrate

● Zubereitungszeit: etwa
25 Minuten

1. Das Weißkraut waschen, auf einer Gemüsereibe hobeln und mit Salz und Pfeffer mischen. Mit den Händen leicht durchkneten. Den Ingwer schälen und fein reiben.

2. Den Kreuzkümmel im Mörser zerstoßen, mit geriebenem Ingwer, dem Joghurt und Zitronensaft unter das Weißkraut mischen und bis zum Anrichten kühl stellen. Am besten in kleinen Schälchen servieren, nach Belieben mit Korianderblättchen oder Petersilie garnieren.

Lollo Rosso mit Sesam-Flädle

Ein bunter Sommersalat mit Pfannkuchenstreifen und Schinken, der auch als leichtes Mittagessen serviert werden kann.

Zutaten für 4 Personen:
80 g Mehl
200 ml Milch
Salz
2 Eier
Butterschmalz zum Braten
2 Eßl. Sesamsaat (geschält)
700 g Lollo Rosso
200 g Sahnequark (Topfen)
4 Eßl. Milch
2 Teel. scharfer Senf
Pfeffer, frisch gemahlen
1 Prise Zucker
2 Eßl. Obstessig
2 Eßl. Zitronensaft
2 Teel. Tomatenmark
150 g Lachsschinken in Scheiben

Raffiniert

Pro Portion etwa:
1400 kJ/330 kcal
21 g Eiweiß · 16 g Fett
21 g Kohlenhydrate

● Zubereitungszeit: etwa
30 Minuten

1. Für den Flädleteig das Mehl mit der Milch und 1/2 Teelöffel Salz glatt verrühren. Dann die Eier untermischen und etwa 10 Minuten quellen lassen.

2. In einer beschichteten Pfanne mit wenig Butterschmalz aus dem Teig dünne Pfannkuchen backen, vorm Wenden mit dem Sesam bestreuen. Die abgekühlten Pfannkuchen aufrollen und in schmale Scheiben schneiden.

3. Den Salat waschen, in Stücke reißen und gut abtropfen lassen. Auf Tellern anrichten. Für das Dressing den Quark mit der Milch, dem Senf, Salz, Pfeffer, dem Zucker, dem Essig, dem Zitronensaft und dem Tomatenmark verrühren.

4. Den Lachsschinken in Streifen schneiden oder zu kleinen Röllchen formen, mit den Flädle auf dem Salat verteilen. Das Dressing darüber gießen und gleich servieren.

Im Bild oben:
Weißkrautsalat mit Ingwer
Im Bild unten:
Lollo Rosso mit Sesam-Flädle

Bauernsalat »Andros«

Die ursprüngliche Art des griechischen Bauernsalates, wie man ihn heute zum Beispiel noch in den Bergdörfern von Andros erhält, wo aus Schaf- oder Ziegenmilch ein frischer, leicht säuerlicher Quark hergestellt wird.

Zutaten für 4 Personen:
400 g Magerquark
400 g griechischer Schafmilch-joghurt (7% Fett i. Tr.)
Salz
600 g Tomaten
1 Salatgurke
Pfeffer, frisch gemahlen
1 Teel. getrockneter Oregano
6–8 Eßl. bestes Olivenöl, kaltgepreßt

Ganz einfach

Pro Portion etwa:
1400 kJ/330 kcal
19 g Eiweiß · 23 g Fett
16 g Kohlenhydrate

- Zubereitungszeit: etwa
20 Minuten
- Abtropfzeit: 8 Stunden

1. Den Quark in ein Sieb geben, etwas abtropfen lassen, herausnehmen und in einer Schüssel mit dem Joghurt und 2 Teelöffeln Salz verrühren. Das Sieb mit einem grobmaschigen Tuch auslegen, den Joghurtquark einfüllen, das Tuch darüber zusammenschlagen und ein Tellerchen darauf setzen. Mit einem Gewicht beschweren, das Sieb in eine Schüssel hängen und über Nacht im Kühlschrank abtropfen lassen.

2. Am nächsten Tag die Tomaten waschen, den Stielansatz entfernen, die Früchte achteln. Die Gurke waschen, streifig schälen, längs vierteln und quer in etwa 4 cm lange Stücke schneiden.

3. Die Tomaten und die Gurkenstücke auf vier Teller verteilen, salzen und pfeffern. Von dem festen Schafquark mit einem Eßlöffel Nocken abstechen und auf den Salat setzen. Mit Oregano bestreuen und das Olivenöl darüber träufeln. Dazu Weiß- oder Fladenbrot servieren.

Auberginen-Haschee

Ein Gericht aus der indischen Küche mit vielen Gewürzen.

Zutaten für 4 Personen:
2 Auberginen (à 350 g)
1 Zwiebel · 2 Knoblauchzehen
4 Eßl. Butterschmalz
2 Teel. Korianderkörner
2 Teel. Kreuzkümmel
2 getrocknete Chilischoten
1 Teel. schwarze Pfefferkörner
Saft von 1 Zitrone
500 g Vollmilchjoghurt
Salz

Scharf-pikant

Pro Portion etwa:
1100 kJ/260 kcal
7 g Eiweiß · 20 g Fett
13 g Kohlenhydrate

- Zubereitungszeit: etwa
30 Minuten

1. Die Auberginen waschen und den grünen Stielansatz abschneiden. Die Früchte erst der Länge nach in Scheiben, dann in Streifen schneiden, diese schließlich ganz klein würfeln.

2. Die Zwiebel schälen und fein hacken. Die Knoblauchzehen schälen und sehr fein würfeln. Beides bei mäßiger Hitze im Butterschmalz goldfarben anbraten.

3. Inzwischen die Korianderkörner, den Kreuzkümmel, die Chilischoten und die Pfefferkörner zerstoßen, zu der Zwiebel-Knoblauch-Mischung geben und kurz mitbraten. Die Hitze höher schalten und die Auberginen unter Rühren in etwa 10 Minuten braun braten. Den Zitronensaft darüber träufeln und den Topf vom Herd nehmen. Joghurt unterrühren und mit Salz abschmecken. Zu Pellkartoffeln servieren.

Im Bild oben: Auberginen-Haschee
Im Bild unten: Bauernsalat »Andros«

Spinat mit Feta und Joghurt

Pikantes Pfannengericht mit Fenchel-Tsatsiki.

Zutaten für 4 Personen:
1 Fenchelknolle (etwa 140 g)
je 2 Eßl. gehackter Dill, Petersilie und Pfefferminze
300 g griechischer Sahnejoghurt
6 Knoblauchzehen
Salz
Pfeffer, frisch gemahlen
1 Teel. Korianderkörner
1 kg Blattspinat
1 Zwiebel
4 Eßl. Olivenöl
3 Tomaten
Muskatnuß, frisch gerieben
200 g Feta-Würfel, in Öl eingelegt
150 g schwarze Oliven
Zitronenachtel zum Garnieren

Vegetarisch

Pro Portion etwa:
1800 kJ/430 kcal
16 g Eiweiß · 26 g Fett
31 g Kohlenhydrate

• Zubereitungszeit: etwa
  1 Stunde

1. Die Fenchelknolle waschen, auf der Rohkostreibe feinraffeln. Mit den fein gehackten Kräutern unter den Joghurt rühren. Die Hälfte vom Knoblauch zerdrücken, zugeben, mit Salz, Pfeffer und dem zerdrückten Koriander würzen, kühl stellen.

2. Den Spinat putzen, gründlich waschen, abtropfen las-

sen. Die Zwiebel und den restlichen Knoblauch hacken, im Öl andünsten. Die kleingeschnittenen Tomaten und den noch feuchten Spinat daraufgeben, mit Salz, Pfeffer und Muskatnuß würzen, etwa 5 Minuten zugedeckt kräftig kochen lassen. Umrühren, abgetropften Feta und die Oliven zugeben, noch weitere 5 Minuten erhitzen. Mit Zitronenachteln und Joghurtsauce anrichten.

Blumenkohl-Linsen-Curry

Indisches Gemüsegericht.

Zutaten für 4 Personen:
1 kleiner Blumenkohl (etwa 750 g)
2 Eßl. Sesamsamen
2 Teel. Korianderkörner
2 Teel. Kreuzkümmel
4 Kardamomkapseln (nur die schwarzen Kerne)
1/2 Teel. Kurkuma
Salz
2 Zwiebeln
2 Knoblauchzehen
je 2 frische rote und grüne Chilischoten
40 g frische Ingwerwurzel
6 Eßl. Butterschmalz
1 Tasse rote Linsen
1/2 l Gemüsebrühe
100 g Kokospaste (Asienregal im Supermarkt)
1 rote Paprikaschote
2 Lauchzwiebeln
200 g Sahnejoghurt (10% Fett i. Tr.)
Pfeffer, frisch gemahlen

Scharf-pikant

Pro Portion etwa:
2600 kJ/620 kcal
20 g Eiweiß · 44 g Fett
36 g Kohlenhydrate

• Zubereitungszeit: etwa
  45 Minuten

1. Den Blumenkohl in Röschen zerteilen, größere vierteln. Den Strunk in feine Streifen schneiden. Waschen und abtropfen lassen.

2. Den Sesamsamen in einer Pfanne ohne Fett hellbraun rösten, in einen Mörser geben. Mit den Gewürzen und 1 Teelöffel Salz zerstoßen.

3. Die Zwiebeln schälen und in Ringe schneiden, die Knoblauchzehen, die entkernten Chilis und den geschälten Ingwer fein würfeln, in 1 Eßlöffel Butterschmalz anbraten. Blumenkohl zugeben, ebenfalls kurz anbraten. Mit den Gewürzen bestreuen. Die Linsen, die Brühe und die Kokospaste einrühren.

4. Die Paprikaschote und die Lauchzwiebeln waschen, putzen und in Streifen schneiden, zugeben und zugedeckt 8–10 Minuten garen. Den Joghurt mit wenig Wasser cremig rühren, darüber gießen und untermischen. Mit Salz und Pfeffer abschmecken. Dazu Basmati-Reis servieren.

Im Bild oben:
Blumenkohl-Linsen-Curry
Im Bild unten:
Spinat mit Feta und Johurt

Kartoffel-fondue mit Quarkdips

Zutaten für 4 Personen:

1,5 kg kleine neue Kartoffeln, festko-chende Sorte

Salz

Schinkendip:

200 g Magerquark

100 g Vollmilchjoghurt

100 g roher Schinken

1/2 Zwiebel

1 Bund Schnittlauch

schwarzer Pfeffer, frisch gemahlen

Olivenquark:

200 g Magerquark

4 Eßl. Crème double

1/2 Zwiebel

Saft von 1 Zitrone

100 g Kräuter-Oliven

Aioli-Quark:

200 g Magerquark

4 Eßl. Crème double

1 hartgekochtes Ei

2 Eßl. Olivenöl

6 Knoblauchzehen

Käsedip:

200 g Emmentaler

50 g Mayonnaise

200 g Magerquark

eventuell etwas Milch

2 Stangen Staudensellerie

2 Eßl. gehackter Kerbel

1 l Olivenöl für den Fondue-Topf

Für Gäste

Pro Portion etwa:
5100 kJ/1200 kcal
58 g Eiweiß · 75 g Fett
75 g Kohlenhydrate

- Zubereitungszeit: etwa
  1 Stunde

1. Die Kartoffeln gründlich waschen und bürsten. In Salzwasser aufsetzen und etwa 20 Minuten kochen.

2. Für den Schinkendip den Quark mit dem Joghurt cremig rühren. Den Schinken in kleine Würfel schneiden. Die Zwiebel schälen und sehr fein würfeln. Den Schnittlauch waschen, trockenschütteln, einige Stengel zur Seite legen, restliche in Röllchen schneiden. Schinken, Zwiebelwürfel und Schnittlauchröllchen unter den Quark rühren, mit Salz und Pfeffer abschmecken, in kleine Schüsselchen füllen und mit den Schnittlauchstengeln garnieren.

3. Für den Olivenquark den Quark mit der Crème double cremig rühren. Die Zwiebel schälen und reiben, unter den Quark mischen. Mit Salz, Pfeffer und dem Zitronensaft abschmecken. Die Kräuter-Oliven in Streifen schneiden und untermischen. In Schüsselchen füllen und mit Zitronenscheibchen garnieren.

4. Für den Aioli-Quark den Quark mit der Crème double verrühren. Das hartgekochte Ei schälen, würfeln und mit dem Olivenöl unterrühren. Die Knoblauchzehen schälen, grob würfeln und im Mörser mit etwa 1 Teelöffel Salz zerstampfen. Unter den Quark rühren und mit Pfeffer abschmecken. In Schüsselchen füllen.

5. Für den Käsedip den Emmentaler in Stifte schneiden, mit der Mayonnaise unter den

Quark rühren, eventuell noch etwas Milch zugeben. Den Staudensellerie waschen und in feine Scheibchen schneiden, untermischen. Mit dem gehacktem Kerbel, Salz und Pfeffer abschmecken.

6. Alle Dips anrichten, Salz- und Pfeffermühlen und die Kartoffeln bereitstellen. Im Fonduetopf das Olivenöl erhitzen, auf dem Rechaud heißhalten. Lange Fonduegabeln bereithalten. Jeder spießt Kartoffeln auf, brät sie nach Belieben im heißen Öl und dippt sie dann in eine Quarksauce.

Tip!

Am besten schmecken die Kartoffeln in Olivenöl gebacken. Zum Würzen können Sie noch einen Zweig getrockneten Rosmarin ins Öl geben, das gibt ein pikantes Aroma. Zusätzlich können Sie auch kleine Schälchen mit pikanten Gewürzen wie Kümmel, zerstoßenen Chilischoten und Korianderkörner bereitstellen. Dazu stellen Sie noch eine große Schüssel mit bunt gemischtem Salat auf den Tisch.

Das originelle Kartoffelfondue schmeckt vor allem im Frühjahr besonders gut, wenn es die ersten neuen Kartoffeln gibt.

Nudeltaschen mit Joghurt

Zutaten für 4 Personen:

300 g Mehl

100 g Hartweizen-Grieß · 2 Eier

Salz · 2 Eßl. Öl

2 Eier

150 g Doppelrahm-Frischkäse

30 g Hartkäse, frisch gerieben

50 g Sonnenblumenkerne

4 Eßl. frisch gehackte Minze

2 Eßl. Semmelbrösel

Pfeffer, frisch gemahlen

400 g Sahnejoghurt

4 Eßl. Mineralwasser

4 Knoblauchzehen · 80 g Butter

2 Eßl. türkische Paprikaflocken

2 Prisen Paprikapulver, rosenscharf

Vegetarisch

Pro Portion etwa:
3900 kJ/930 kcal
31 g Eiweiß · 52 g Fett
84 g Kohlenhydrate

• Zubereitungszeit: etwa
  1 Stunde 15 Minuten

1. Für den Teig das Mehl mit dem Grieß, den Eiern, 8 Eßlöffeln warmem Wasser (etwas mehr, wenn der Teig mit der Hand ausgerollt werden soll), Salz und dem Öl mischen, zu einem elastischen Teig kneten. In Folie wickeln, etwa 30 Minuten ruhen lassen.

2. 1 Ei trennen. Den Frischkäse, den Hartkäse, die gehackten Sonnenblumenkerne und die Minze mit 1 Ei, 1 Eigelb und den Semmelbröseln verrühren, mit Salz und Pfeffer abschmecken, quellen lassen.

3. Inzwischen den Teig mit der Nudelmaschine (oder dem Nudelholz) zu dünnen Streifen ausrollen. Mit einem Teigrädchen 5 x 5 cm große Quadrate ausschneiden, jeweils 1/2 Teelöffel Füllung in die Mitte geben, die Ränder mit Eiweiß bestreichen und zu dreieckigen Taschen falten, Ränder fest zusammendrücken.

4. Die Nudeln in kochendem Salzwasser etwa 12 Minuten garen. Inzwischen den Joghurt mit dem Mineralwasser, Salz und Pfeffer verrühren. Die Knoblauchzehen schälen und durch die Presse dazudrücken.

5. Die Butter erhitzen, Paprikaflocken und -pulver darin andünsten. Nudeltaschen abgetropft auf Tellern anrichten, mit Joghurt übergießen und die Paprikabutter darüber träufeln.

Paprika-Taler

Zutaten für 4 Personen:

1 Zwiebel · 4 braune Champignons

4 EL Olivenöl

150 g Sechskorn-Schrot (Reformhaus)

500 ml Gemüsebrühe

1 Teel. Korianderkörner

Salz · Pfeffer, frisch gemahlen

2 Becher Bulgarajoghurt (à 175 g)

2 Eßl. Paprikapüree

3 Zweige frischer Thymian

2 große grüne Paprikaschoten

2 Eier

6 gehäufte Eßl. Semmelbrösel

2 EL frisch gehackte Kräuter

Originell

Pro Portion etwa:
1700 kJ/400 kcal
16 g Eiweiß · 18 g Fett
47 g Kohlenhydrate

• Zubereitungszeit: etwa
  50 Minuten

1. Die Zwiebel schälen und fein hacken, die Champignons putzen, ebenfalls fein hacken. Beides in 1 Eßlöffel Öl anbraten. Den Sechskorn-Schrot und die Brühe dazugeben, mit den zerdrückten Korianderkörnern, Salz und Pfeffer würzen. Langsam aufkochen, etwa 10 Minuten leise köcheln lassen, zugedeckt zur Seite stellen und noch weitere 10 Minuten quellen lassen.

2. Inzwischen den Joghurt mit dem Paprikapüree, den abgezupften Thymianblättchen, Salz und Pfeffer verrühren, zur Seite stellen. Die Paprikaschoten waschen und quer in etwa 1 cm dicke Scheiben schneiden, vorsichtig Kerne und Trennwände entfernen.

3. Sechskorn mit den Eiern, den Semmelbröseln und den fein gehackten Kräutern, Salz und Pfeffer vermischen. In die Paprikaringe streichen, die Oberfläche glätten. Im restlichen Öl langsam pro Seite in etwa 7 Minuten braten. Mit der Joghurtsauce servieren.

Bild oben:
Nudeltaschen mit Joghurt
Bild unten: Paprika-Taler

Russische Eier – leicht & fein

Ein alter Klassiker im neuen Gewand – leichter und mit echtem Räucherlachs.

Zutaten für 4 Personen:

4 große festkochende Kartoffeln

300 ml Gemüsebrühe

300 g Möhren

2 Kohlrabi

200 g Erbsen (eventuell tiefgekühlte)

6 Eier

2 Eßl. frisch gehackte Petersilie

Salz

Pfeffer, frisch gemahlen

2 Eßl. Weißweinessig

4 Eßl. Olivenöl

4 Eßl. Mayonnaise

1 Becher Vollmilchjoghurt

4 Eßl. Forellen-Kaviar

300 g Räucherlachs in Scheiben

Sahnemeerrettich aus der Tube zum Garnieren

Gelingt leicht

Pro Portion etwa:
2500 kJ/600 kcal
38 g Eiweiß · 35 g Fett
32 g Kohlenhydrate

* Zubereitungszeit: etwa 35 Minuten

1. Die Kartoffeln schälen, in etwa 1 cm große Würfel schneiden und in der Gemüsebrühe etwa 7 Minuten garen. Die Möhren und die Kohlrabi waschen, putzen, schälen, in feine Streifen schneiden, mit den Erbsen zu den Kartoffeln geben, aufkochen und noch etwa 10 Minuten zugedeckt garen.

2. Die Eier in etwa 8 Minuten hart kochen. Das gare Gemüse abgießen. Mit der gehackten Petersilie, Salz, Pfeffer, dem Essig, dem Öl, der Mayonnaise und dem Joghurt vermischen. Auf Tellern anrichten.

3. Die Eier abschrecken, pellen und halbieren. Mit dem Eigelb nach oben ums Gemüse verteilen, den Kaviar darauf häufen. Die Räucherlachsscheiben zu Röllchen drehen, um den Rand herum anrichten. Mit Tupfen von Sahnemeerrettich garnieren. Lauwarm servieren.

Wirsingrollen

Zutaten für 4 Personen:

1 Wirsingkopf

600 g Tomaten

100 g Hafer- oder Gerstengrütze

600 ml Gemüsebrühe

2 Eßl. getrocknete Steinpilze

300 g Möhren

100 g Sonnenblumenkerne

100 g Topfen (Speisequark, Rahmstufe oder Frischkäse)

4 gehäufte Eßl. Semmelbrösel

Salz · Pfeffer, frisch gemahlen

1/2 Teel. Koriander, gemahlen

1 getrocknete Chilischote

2 Teel. italienische Kräutermischung

80 g Butter

100 g Crème fraîche oder Sahnejoghurt

20 g Kerbel

Vegetarisch

Pro Portion etwa:
3000 kJ/710 kcal
26 g Eiweiß · 46 g Fett
46 g Kohlenhydrate

* Zubereitungszeit: etwa 2 Stunden

1. Den Wirsing waschen, 12 schöne Blätter ablösen und in kochendem Wasser etwa 5 Minuten blanchieren, herausheben. Die Tomaten überbrühen, häuten und zur Seite legen.

2. Die Grütze in 400 ml Brühe aufkochen, die Pilze zerbröseln und zugeben, etwa 15 Minuten ausquellen lassen. 100 g Möhren fein würfeln. Die Sonnenblumenkerne in einer Pfanne ohne Fett leicht anbräunen, die Hälfte davon mit Möhrenwürfeln, dem Topfen und den Semmelbröseln unter die Grütze mischen, mit Salz, Pfeffer, dem Koriander, der zerbröselten Chilischote und den Kräutern würzen.

3. Etwas von der Füllung auf jedes Kohlblatt geben, aufrollen. In der heißen Butter anbraten. Die Tomaten würfeln. Die restlichen Möhren in größere Stücke schneiden, beides zu den Rouladen geben. Die restliche Brühe aufgießen und die Rouladen etwa 25 Minuten schmoren lassen. Den Schmorsud mit der Crème fraîche oder dem Joghurt verfeinern. Mit dem gewaschenen, abgetropften Kerbel garnieren, mit den restlichen Sonnenblumenkernen bestreut servieren.

Im Bild oben: Wirsingrollen
Im Bild unten:
Russische Eier – leicht & fein

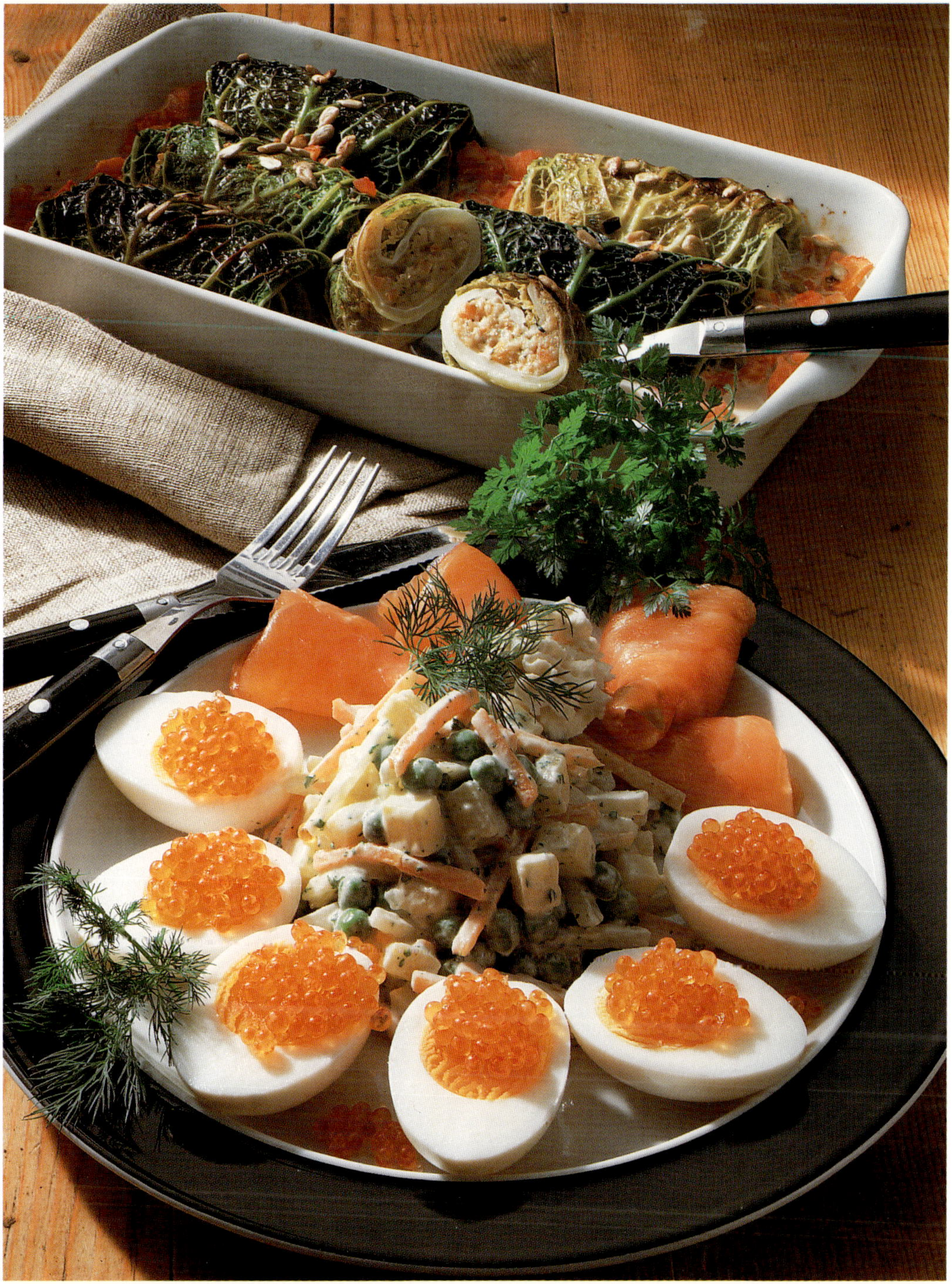

Gemüsespieße auf Dillsauce

Gemüse auf originelle Art serviert: Schafkäsestücke werden in Paprikastreifen gewickelt und mit Champignons, Zwiebeln, Zucchini und Auberginen auf Spieße gesteckt.

Zutaten für 4 Personen:
2 große rote Paprikaschoten (à 300 g)
4 Eßl. Olivenöl
100 g fetter Schafkäse (griechischer Feta oder bulgarischer Schafkäse)
1 Teel. Oregano
250 g Champignons
8 Schalotten
1 Zucchino (250 g)
1 Aubergine (250 g)
Salz
Pfeffer, frisch gemahlen
1 Bund Dill
200 g Vollmilchjoghurt
200 g Sahnejoghurt (griechischer, 10% Fett i. Tr.)
1 unbehandelte Zitrone
8 Spieße

Für Gäste

Pro Portion etwa:
1100 kJ/260 kcal
12 g Eiweiß · 18 g Fett
13 g Kohlenhydrate

- Zubereitungszeit: etwa 1 Stunde

1. Die Paprikaschoten waschen, gut trockentupfen und längs halbieren. Kerne und helle Trennwände sorgfältig entfernen, das Fruchtfleisch längs in etwa 3 cm breite Streifen schneiden.

2. In einer Pfanne mit Deckel 1 Eßlöffel Olivenöl erhitzen, die Paprikastreifen (Hautseite nach unten) zugedeckt bei mittlerer Hitze 5–7 Minuten braten. Paprikastreifen herausnehmen, etwas abkühlen lassen und die Haut abziehen.

3. In der Zwischenzeit den Schafkäse in kleinfingerdicke, etwa 2 cm lange Streifen zerteilen und in dem Oregano wenden. Die Champignons mit Küchenpapier abreiben oder kurz waschen, die Stiele abschneiden. Die Schalotten schälen und längs halbieren.

4. Den Zucchino waschen, gut trockentupfen und in etwa 1 cm dicke Scheiben schneiden, ebenso die Aubergine. Die Auberginenscheiben vierteln. Die Schafkäsestücke in die Paprikastreifen einwickeln.

5. Pro Person zwei Spieße ölen, darauf abwechselnd ein Stück Schalotte, eine Zucchinischeibe, ein in Paprika eingerolltes Stück Schafkäse, einen Champignon, ein Stück Aubergine und so weiter aufreihen, mit einem Schalottenstück als Halt abschließen. Das Gemüse leicht salzen und pfeffern.

6. Das restliche Öl in die Pfanne geben und die Spieße etwa 7 Minuten zugedeckt braten (falls der Deckel einen Lüftungsschieber hat, diesen öffnen), dann die Spieße wenden und noch etwa 7 Minuten braten.

7. Inzwischen für die Sauce den Dill waschen, trockenschüt-

teln und kleinschneiden. Beide Joghurtsorten mit Dill, Salz, Pfeffer, etwas geriebener Zitronenschale und Zitronensaft verrühren.

8. Die heißen Spieße auf der kalten Sauce servieren. Dazu passen Pellkartoffeln oder knuspriges Baguette, als Getränk eine Apfelsaft-Schorle oder ein trockener Weißwein.

Tip!

Achten Sie darauf, einen nicht zu mageren Schafkäse zu nehmen, sonst zerbröckelt er beim Aufspießen. Zu fett sollte er aber auch nicht sein, er zerläuft sonst beim Braten oder Grillen – denn die Spieße kann man auch gut beim Grillfest über Holzkohle grillen, dabei das Gemüse mit Olivenöl bepinseln und bei nicht allzu starker Hitze garen, damit es nicht austrocknet. Fürs Grillen im Freien können die Spieße schon fertig vorbereitet und mit Öl bestrichen werden, die Joghurtsauce wird angerührt und in eine dicht schließende Frischhaltedose verpackt.

Die heißen »Gemüse-Schaschliks« werden auf einer kalten Joghurtsauce mit viel frischem Dill serviert: ein apartes, kontrastreiches Gericht.

Gemüse-Crêpes mit Joghurt

Dünne Pfannkuchen aus Gemüse und Vollkornmehl werden mit Schafkäse-Joghurt-Sauce und Salat serviert: ein leichtes Sommer-Essen.

Zutaten für 4 Personen:
2 kleine Kohlrabi (à 200 g)
2 Möhren
2 Eier
4 Eßl. Vollkorn-Weizenmehl
1 Teel. getrockneter Thymian
Salz · Pfeffer, frisch gemahlen
Muskatnuß, frisch gerieben
4 Eßl. Butterschmalz
1 Bund gemischte Kräuter
300 g Vollmilchjoghurt
100 g Schafkäse
Saft von 1/2 Zitrone
1 Eßl. Weißweinessig
2 Eßl. Olivenöl
4 Tomaten
1/2 Kopf Frisée oder Lollo Rosso

Gelingt leicht

Pro Portion etwa:
1000 kJ/240 kcal
11 g Eiweiß · 10 g Fett
23 g Kohlenhydrate

- Zubereitungszeit: etwa 40 Minuten

1. Die Kohlrabi und die Möhren waschen, schälen und auf der Rohkostreibe raffeln. In ein Sieb geben und abtropfen lassen. Mit den Eiern und dem Mehl verrühren, mit dem Thymian, Salz, Pfeffer und Muskat abschmecken.

2. In einer beschichteten Pfanne in dem Butterschmalz bei mittlerer Hitze aus dem Gemüseteig nacheinander 8 kleine Crêpes etwa 4 Minuten pro Seite backen, die fertigen im Ofen bei 75 ° warm stellen.

3. Inzwischen die Kräuter waschen, trockenschütteln, die Blättchen abzupfen und mit dem Joghurt und dem zerbröckelten Schafkäse im Mixer pürieren. Mit dem Zitronensaft, Salz und Pfeffer abschmecken.

4. Aus dem Essig, dem Öl, Salz und Pfeffer eine Salatsauce rühren. Die Tomaten waschen, die Stielansätze herausschneiden und die Tomaten in Scheiben schneiden, den Salat waschen und trockenschütteln. Pro Portion 2 Crêpes mit Joghurtsauce anrichten, daneben Salat und Tomaten verteilen und mit Salatsauce beträufeln.

Bulgara-Lauchgemüse

Zutaten für 4 Personen:
8 Stangen Lauch (etwa 1,4 kg)
Fett für die Form
200 g fetter Schafkäse
150 g gekochter Schinken
1 Bund gemischte Kräuter
4 Knoblauchzehen
2 Eier
2 Becher Bulgarajoghurt (à 175 g)
Salz
Pfeffer, frisch gemahlen

Preiswert

Pro Portion etwa:
1700 kJ/400 kcal
28 g Eiweiß · 23 g Fett
17 g Kohlenhydrate

- Zubereitungszeit: etwa 40 Minuten
- Backzeit: 25 Minuten

1. Die Lauchstangen putzen, längs aufschlitzen und gründlich waschen. Ein Drittel vom Grün abschneiden (für Suppen verwenden), die helleren Abschnitte quer halbieren. Lauch in Salzwasser 12–15 Minuten kochen, gut abtropfen lassen und in eine gefettete flache Form legen.

2. Den Backofen auf 200 ° vorheizen. Den Schafkäse und den Schinken in kleine Würfel schneiden und über den Lauch streuen. Die Kräuter waschen, trockenschütteln und die Blättchen hacken. Den Knoblauch schälen und sehr fein hacken.

3. Die Eier mit dem Joghurt, Knoblauch, gehackten Kräutern, Salz und Pfeffer verquirlen und über den Auflauf gießen. Die Form in den Ofen (Mitte, Gas Stufe 3, Umluft 180 °) schieben und etwa 25 Minuten überbacken, bis die Spitzen leicht gebräunt sind. Dazu Kartoffelpüree servieren.

Im Bild oben:
Gemüse-Crêpes mit Joghurt
Im Bild unten: Bulgara-Lauchgemüse

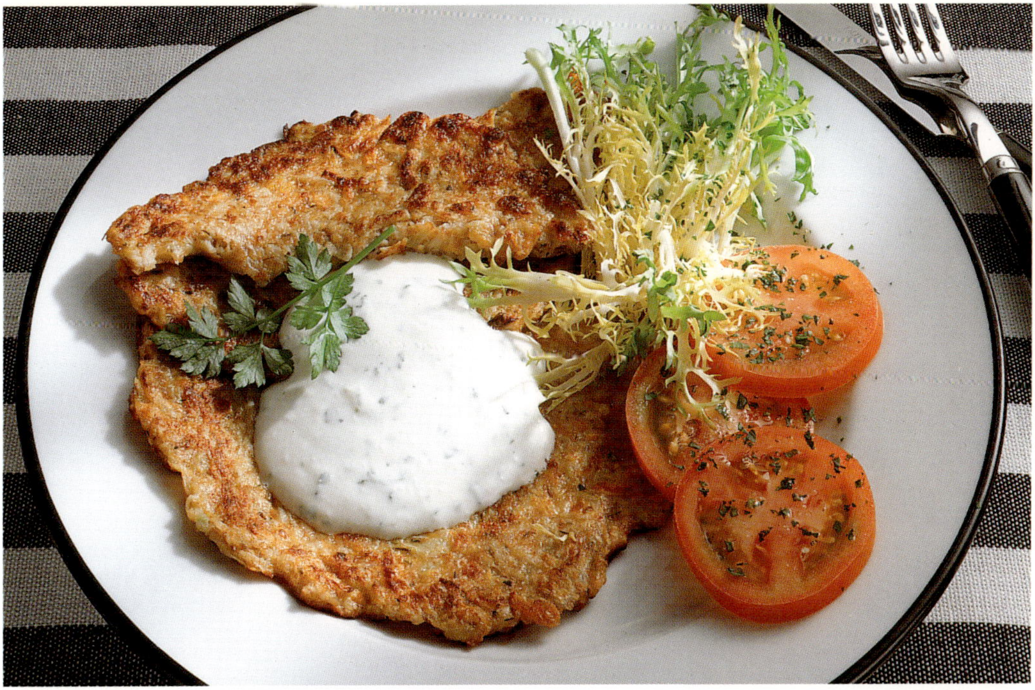

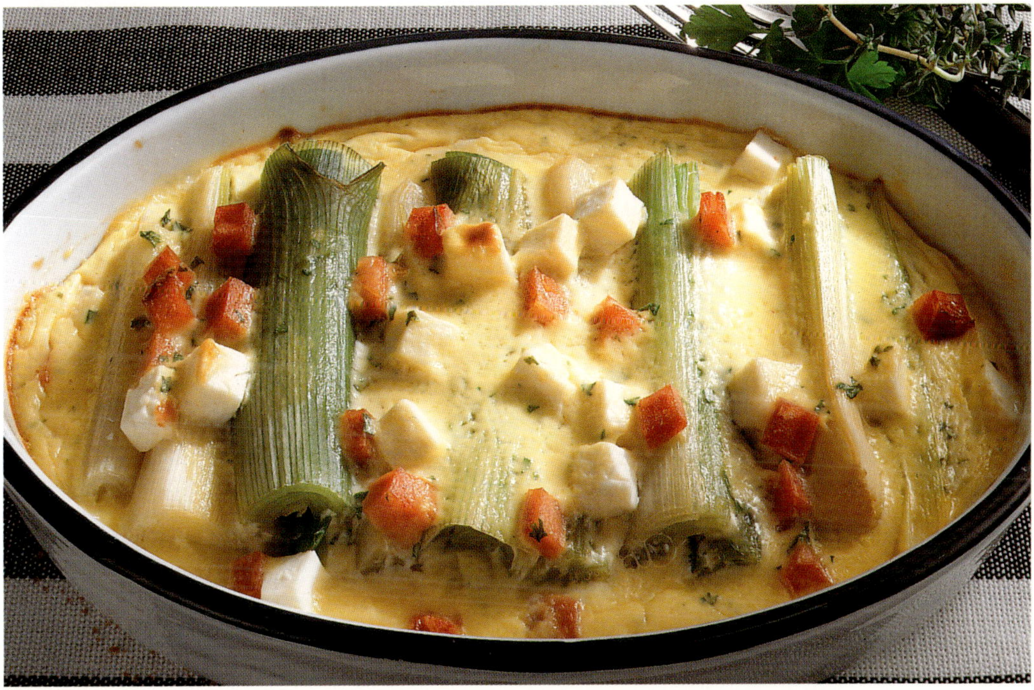

Gefüllte Auberginen

Zutaten für 4 Personen:
150 g Weizenkörner
2 große oder 4 kleine Auberginen
1 Eßl. Olivenöl
4 Tomaten · 1 Knoblauchzehe
100 g Sahnequark oder Doppel-
rahm-Frischkäse
50 g Edelpilzkäse (zum Beispiel
Roquefort)
1 Bund gemischte Kräuter · Salz
Pfeffer, frisch gemahlen

Braucht etwas Zeit

Pro Portion etwa:
1400 kJ/330 kcal
11 g Eiweiß · 11 g Fett
32 g Kohlenhydrate

• Zubereitungszeit: etwa
  1 Stunde 10 Minuten

1. Die Weizenkörner waschen und mit kaltem Salzwasser aufsetzen, 30 – 40 Minuten leise köcheln lassen.

2. Inzwischen die Auberginen längs halbieren, das Innere kreuzweise im Abstand von 1 cm einschneiden, ohne die Haut zu verletzen. Mit der Schnittfläche nach unten in einer Pfanne mit Öl etwa 10 Minuten braten. Dann das nun weiche Innere herauslöffeln und kleinschneiden.

3. Den Backofen auf 220 ° vorheizen. Die Tomaten mit kochendem Wasser überbrühen, häuten und entkernen. Fruchtfleisch klein würfeln. Den Knoblauch schälen und fein hacken. Den Quark mit dem Edelpilzkäse zerdrücken. Die Kräuter waschen, trockenschütteln und ohne die harten Stiele fein hacken.

4. Das Auberginenmus mit Tomaten, Knoblauch, Quark, Kräutern und den abgetropften Weizenkörnern vermischen, mit Salz und Pfeffer würzen. In die ausgehöhlten Auberginen füllen und im Ofen (Mitte, Gas Stufe 4, Umluft 200 °) etwa 20 Minuten überbacken. Dazu paßt Kartoffelpüree.

Mangold mit Käsekruste

Zutaten für 4 Personen:
1 kg Kartoffeln, mehligkochende
Sorte · Salz
900 g Mangold oder Blattspinat
weißer Pfeffer, frisch gemahlen
Muskatnuß, frisch gerieben
2 Fleischtomaten · 2 Eßl. Olivenöl
1/2 Teel. getrockneter Thymian
Fett für die Form
200 g Edelpilzkäse
200 g Joghurt · 5–6 Eßl. Sahne
2 Knoblauchzehen
4 Eßl. frisch geriebener Hartkäse
(zum Beispiel Parmesan, Pecorino)
4 Eßl. grob gehackte Haselnüsse

Vegetarisch

Pro Portion etwa:
2700 kJ/640 kcal
18 g Eiweiß · 21 g Fett
45 g Kohlenhydrate

• Zubereitungszeit: etwa
  1 Stunde

1. Die Kartoffeln schälen, nicht zu klein würfeln und in Salzwasser etwa 20 Minuten garen.

2. Den Mangold oder Blattspinat gründlich waschen, die Stiele in Stücke, die Blätter in breite Streifen schneiden. Tropfnaß in einen Topf geben und zugedeckt etwa 5 Minuten dünsten, mit Salz, Pfeffer und Muskatnuß würzen.

3. Die Fleischtomaten mit kochendem Wasser überbrühen, häuten, halbieren, die Kerne und Stielansätze entfernen und die Tomaten in Stücke schneiden. Den Backofen auf 220 ° vorheizen. Die garen Kartoffeln im Topf mit dem Olivenöl und etwas zerbröseltem Thymian zerstampfen.

4. Eine flache Auflaufform fetten und das Kartoffelpüree einfüllen. Den Mangold abtropfen lassen und über das Kartoffelpüree verteilen, dazwischen die Tomatenstücke setzen.

5. Für die Sauce den Edelpilzkäse mit dem Joghurt und der Sahne cremig rühren. Den Knoblauch schälen und durch die Presse dazudrücken, mit Salz und Pfeffer würzen. Die Sauce über den Auflauf gießen. Mit dem Hartkäse und den Nüssen bestreuen und etwa 20 Minuten im Ofen (Mitte, Gas Stufe 4, Umluft 200 °) überbacken. Dazu bunt gemischten Salat servieren.

Im Bild oben:
Mangold mit Käsekruste
Im Bild unten: Gefüllte Auberginen

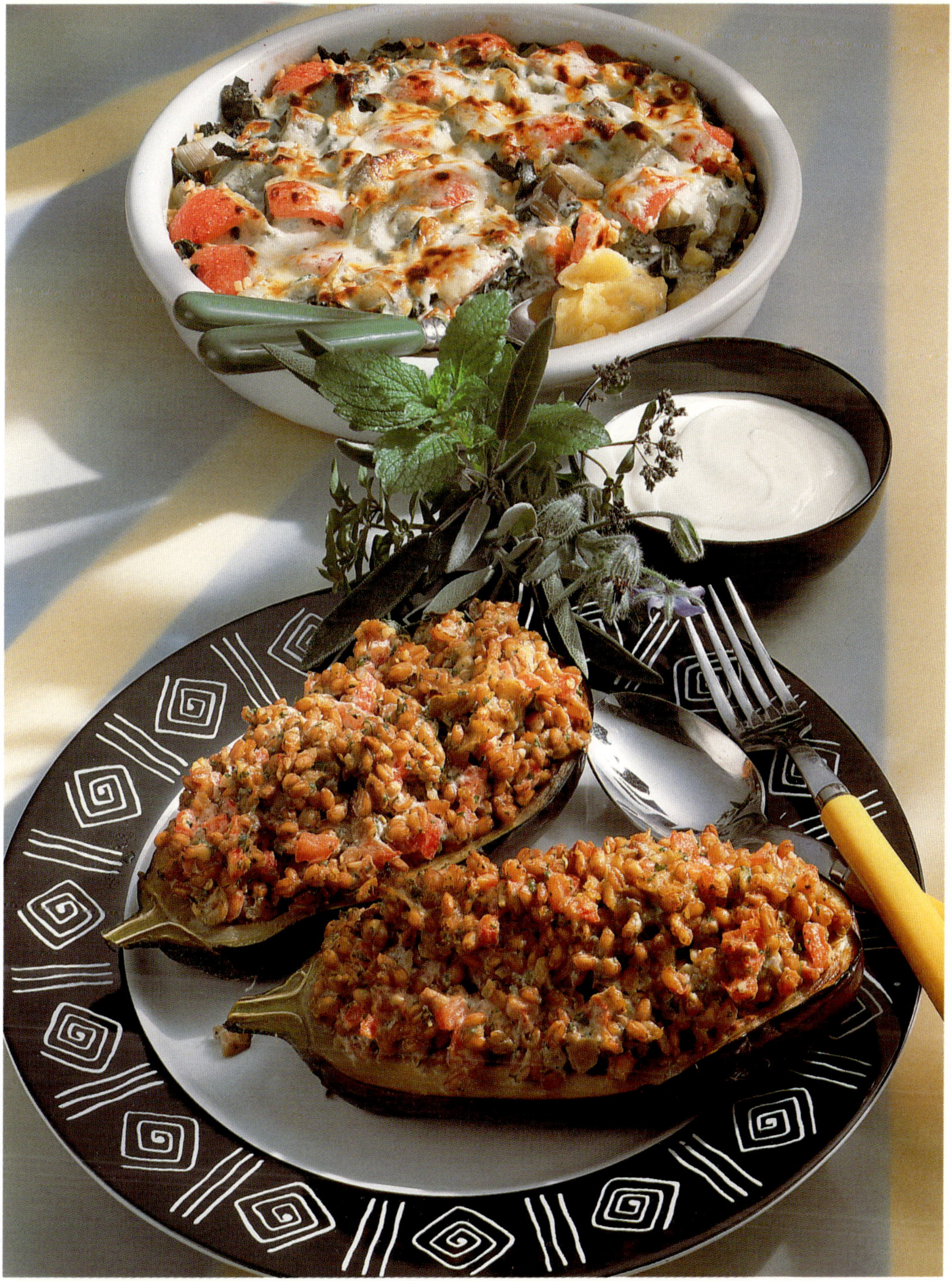

Goldbarsch auf Spinat

Zutaten für 4 Personen:

700 g Goldbarschfilet

Saft von 1 Zitrone

4 Knoblauchzehen

2 Eßl. Olivenöl

600 g Blattspinat (tiefgekühlt)

Salz

500 g Tomaten · 200 g Joghurt

4 gehäufte Eßl. Semmelbrösel

1 Zwiebel

je 1/2 Teel. getrockneter Oregano,

Thymian und Rosmarin

Pfeffer, frisch gemahlen

Muskatnuß, frisch gerieben

70 g Hartkäse, frisch gerieben

Fett für die Form

Raffiniert

Pro Portion etwa:
1700 kJ/400 kcal
46 g Eiweiß · 16 g Fett
22 g Kohlenhydrate

• Zubereitungszeit: etwa
  1 Stunde

1. Das Fischfilet säubern und mit dem Zitronensaft beträufeln. Den Knoblauch schälen, fein hacken und in 1 Eßlöffel Olivenöl andünsten. Den Blattspinat darauf legen, 100 ml Wasser angießen, salzen und etwa 15 Minuten zugedeckt kochen lassen.

2. Backofen auf 200 ° vorheizen. Die Tomaten überbrühen, häuten und klein würfeln, Kerne dabei entfernen. Den Joghurt mit den Semmelbröseln verrühren, zur Seite stellen. Die Zwiebel schälen, hacken, im restlichen Öl andünsten. Tomaten zugeben, mit den Kräutern würzen und fast einkochen. Den Joghurt unterrühren, erhitzen und salzen und pfeffern.

3. Eine flache Auflaufform fetten, Spinat darin ausbreiten, mit Muskat bestreuen, Fisch darauf legen, salzen und pfeffern. Joghurt-Tomaten-Masse darüber verteilen, mit Käse bestreuen. Im Backofen (Mitte, Gas Stufe 3, Umluft 180 °) etwa 20 Minuten backen. Dazu Salzkartoffeln servieren.

Warme Lachsterrine

Als Vorspeise reicht der pikante Reisauflauf auch für 8 Personen.

Zutaten für 4 Personen:

400 g frischer Lachs (möglichst

Schwanzstück) · Salz

2 Eßl. Zucker

300 g Langkorn-Reis (kein Parboiled

Reis)

500 ml Sahnedickmilch · 2 Eier

Pfeffer, frisch gemahlen

2 Eßl. Semmelbrösel · 1 Bund Dill

1 Eßl. Senf

Fett für die Form

Für Gäste

Pro Portion etwa:
2400 kJ/570 kcal
31 g Eiweiß · 20 g Fett
69 g Kohlenhydrate

• Zubereitungszeit: etwa
  1 1/2 Stunden
• Marinierzeit: 8 Stunden

1. Den Lachs häuten und die Gräten entfernen. Fleisch in daumendicke Würfel schneiden, mit je 1 Eßlöffel Salz und Zucker vermischen. Über Nacht im Kühlschrank marinieren.

2. Am nächsten Tag den Reis in 450 ml Salzwasser etwa 15 Minuten kochen. Topf vom Herd nehmen, 125 g Dickmilch einrühren und zugedeckt noch etwas quellen lassen.

3. Lachswürfel mit Küchenpapier trocknen. Die Eier trennen, die Eiweiße mit 1 Teelöffel Zucker steif schlagen, die Eigelbe mit Fischwürfeln unter den Reis mischen, den Eischnee unterheben, mit Salz und Pfeffer abschmecken.

4. Backofen auf 200 ° vorheizen. Eine kleine Kastenform gut ausfetten, mit den Bröseln ausstreuen. Masse einfüllen und etwa 45 Minuten im Backofen (Mitte, Gas Stufe 3, Umluft 180 °) backen, nach der Hälfte der Backzeit die Oberfläche mit Alufolie abdecken.

5. Den Dill waschen, trockenschütteln und hacken. Restliche Dickmilch cremig schlagen, mit dem Senf, Salz, Pfeffer, Zucker und Dill würzen, kühl stellen.

6. Die Terrine aus der Form stürzen und warm in dicke Scheiben schneiden, mit der Dill-Dickmilch servieren.

Im Bild oben: Goldbarsch auf Spinat
Im Bild unten: Warme Lachsterrine

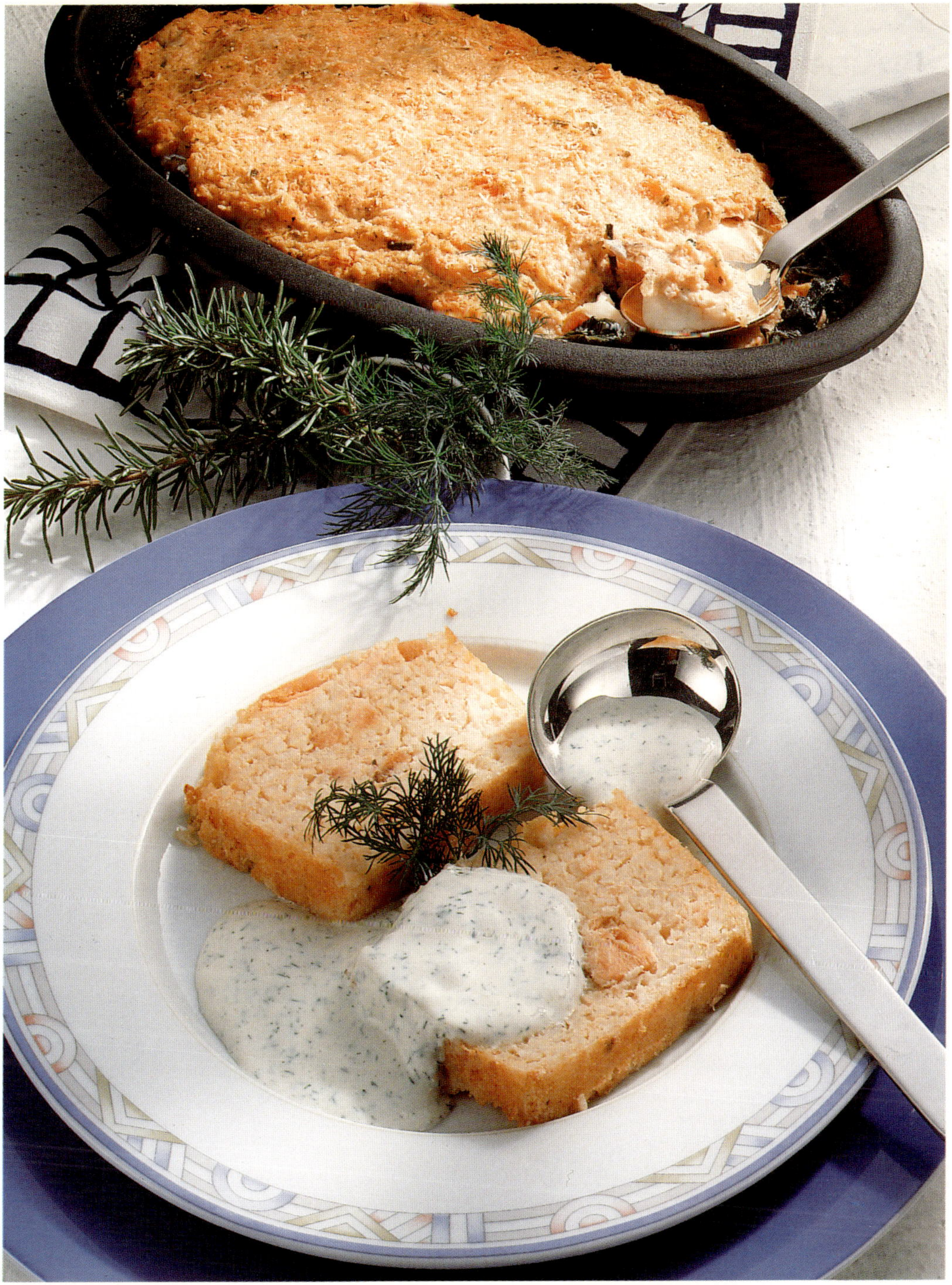

Garnelen-Saganaki

Riesengarnelen in würziger Schafkäse-Joghurt-Sauce auf griechische Art.

Zutaten für 4 Personen:

400 g Riesengarnelen

4 Schalotten oder 2 kleine Zwiebeln

4 Knoblauchzehen

2 EßI. Olivenöl · Salz

weißer Pfeffer, frisch gemahlen

200 ml trockener Weißwein

300 g Sahnejoghurt (10% Fett i. Tr.)

2 Teel. Mehl

100 g fetter Schafkäse (Feta)

2 EßI. grüner Pfeffer in Salzlake

1 Bund Dill, fein gehackt

2 EßI. Zitronensaft

Für Gäste

Pro Portion etwa:
1200X kJ/290 kcal
26 g Eiweiß · 13 g Fett
10 g Kohlenhydrate

• Zubereitungszeit: etwa
  40 Minuten

1. Die Riesengarnelenschwänze schälen (mit dem Daumen auf der Bauchseite den Panzer aufbrechen), auf der Rückenseite aufschlitzen und mit spitzem Messer den dunklen Darm entfernen. Mit Küchenpapier trocknen.

2. Die Schalotten oder die Zwiebeln und den Knoblauch schälen, fein würfeln. In einer Pfanne im Olivenöl sachte braten, dabei leicht karamelisieren, aber nicht bräunen lassen. Die Garnelen dazugeben,

salzen und pfeffern, auf beiden Seiten anbraten, dann wieder herausheben.

3. Den Bratfond mit dem Weißwein ablöschen, etwas einkochen lassen. Den Joghurt mit dem Mehl verrühren, den Schafkäse mit einer Gabel fein zerdrücken. Joghurt und Käse in den Weinfond rühren und erhitzen. Den grünen Pfeffer und gehackten Dill einrühren, die Garnelen wieder dazugeben und erwärmen. Mit Salz, Pfeffer und dem Zitronensaft abschmecken. Dazu Reis und Salat mit viel Dill servieren.

Rotbarsch-Medaillons in Dillsauce

Zutaten für 4 Personen:

600 g Rotbarschfilet

Salz

weißer Pfeffer, frisch gemahlen

1 Bund Schnittlauch

5 EßI. Butter

1 unbehandelte Zitrone

4 EßI. Mehl · 2 Tomaten

2 kleine Zwiebeln

1 Bund Dill

200 ml trockener Weißwein

1 Teel. Speisestärke

200 g Vollmilchjoghurt oder Sahnedickmilch

Raffiniert

Pro Portion etwa:
1800 kJ/430 kcal
32 g Eiweiß · 23 g Fett
16 g Kohlenhydrate

• Zubereitungszeit: etwa
  30 Minuten

1. Das Filet waschen, mit Küchenpapier trockentupfen und der Länge nach halbieren, mit Salz und Pfeffer würzen. Den Schnittlauch waschen, kleinschneiden und unter 2 Eßlöffel von der Butter mischen. Die Schnittlauchbutter auf die Hautseite der Filetstreifen streichen, die Filets aufrollen und mit Küchengarn zusammenbinden.

2. Die Filetröllchen mit wenig Zitronensaft beträufeln und auf beiden Seiten in Mehl wenden. In der restlichen Butter bei mäßiger Hitze goldbraun braten. Die Tomaten überbrühen, häuten, entkernen und würfeln. Die Zwiebeln schälen und würfeln, den Dill waschen, trockenschütteln und fein schneiden. Von der Zitrone etwa 1 Teelöffel Schale abreiben. Die Speisestärke unter den Joghurt rühren.

3. Die Medaillons aus der Pfanne heben und warm stellen, im verbliebenen Fett die Zwiebelwürfel anbraten, Wein, Tomaten und Zitronenschale zugeben, etwas einkochen lassen. Den Joghurt einrühren, mit Salz, Pfeffer und gehacktem Dill würzen. Die Medaillons in der Sauce kurz erwärmen und gleich servieren. Dazu passen Reis und gedünstete Möhren.

Im Bild oben: Garnelen-Saganaki
Im Bild unten: Rotbarsch-Medaillons in Dillsauce

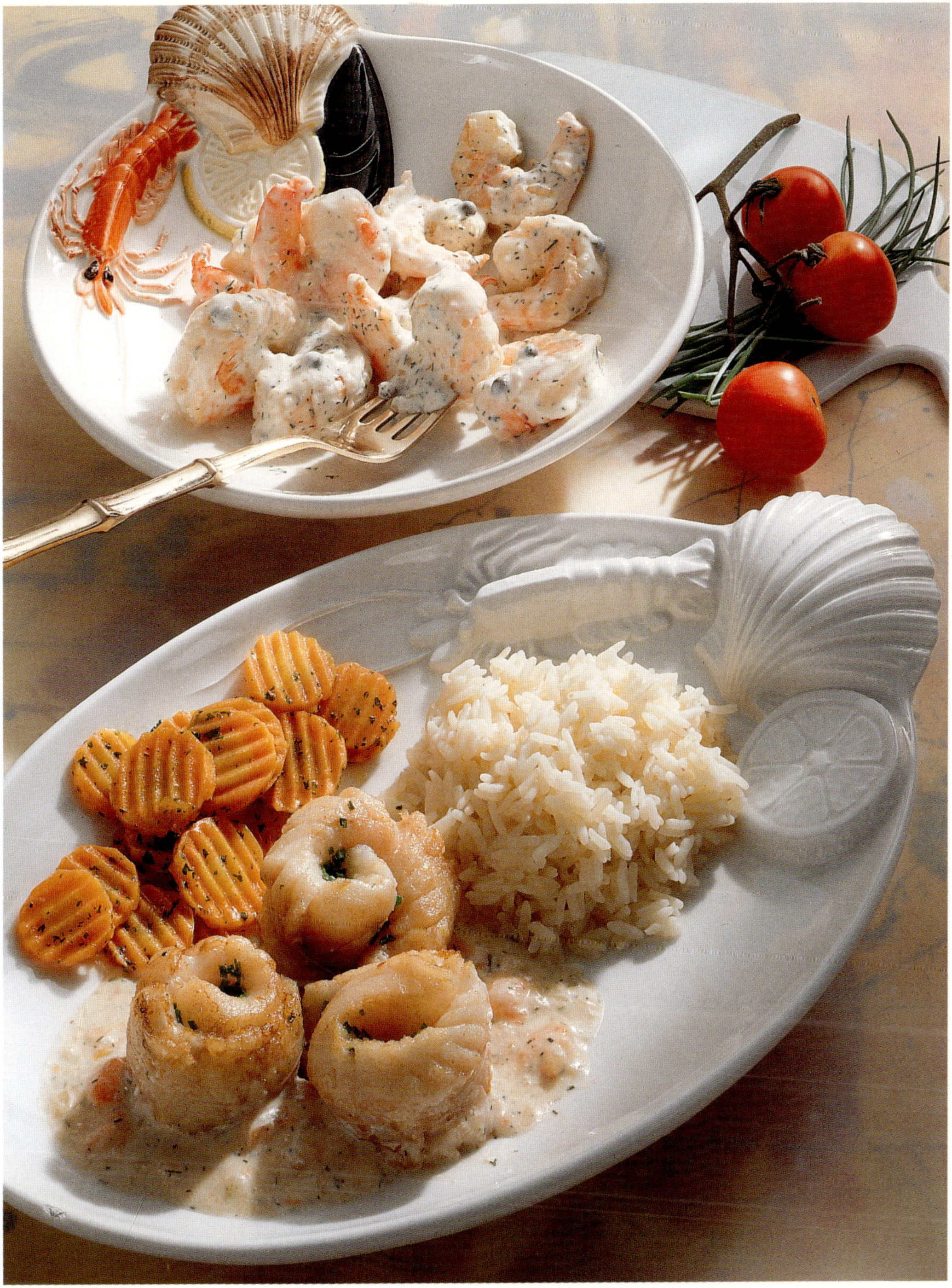

Knoblauch-Garnelen mit Kräutercreme

Zutaten für 4 Personen:

200 g Doppelrahm-Frischkäse

150 g Vollmilchjoghurt

6 Eßl. Milch

1 unbehandelt Zitrone

1 Teel. Harissa (scharfe Chilipaste)

2 Eßl. gehackte Petersilie

6 Tomaten

Kräutersalz

400 g Riesengarnelen, fertig gekocht und geschält

Salz · Pfeffer, frisch gemahlen

8 Knoblauchzehen

6 Eßl. Olivenöl

4 Eßl. Sherry dry

Petersilienblättchen zum Garnieren

Geht schnell

Pro Portion etwa:
1700 kJ/400 kcal
28 g Eiweiß · 27 g Fett
12 g Kohlenhydrate

• Zubereitungszeit: etwa
  30 Minuten

Tip!

Harissa ist eine scharfe nordafrikanische Würzpaste aus Pfefferschoten, Kreuzkümmel und Zitronensaft, die es in Tuben oder kleinen Dosen im Supermarkt oder in den Lebensmittelabteilungen großer Kaufhäuser gibt. Ersatzweise kann man Sambal oelek verwenden.

1. Den Frischkäse mit einer Gabel zerdrücken, mit dem Joghurt und der Milch zu einer glatten Creme verrühren. Etwas Zitronenschale dazureiben, Harissa oder Chilipaste und die gehackte Petersilie unterrühren. Mit Salz, Pfeffer und Zitronensaft abschmecken.

2. Die Tomaten waschen und halbieren, Schnittflächen mit Kräutersalz bestreuen. Die Riesengarnelen mit Salz, Pfeffer und Zitronensaft würzen.

3. Den Knoblauch schälen, halbieren und in einer großen Pfanne in Olivenöl sachte andünsten. Die Tomaten mit der Schnittfläche nach unten dazulegen, etwa 5 Minuten anbraten. Dann die Garnelen in der Pfannenmitte etwa 3 Minuten pro Seite anbraten, mit dem restlichen Zitronensaft und dem Sherry ablöschen.

4. Die Knoblauchgarnelen mit den gebratenen Tomaten auf vier Tellern anrichten, mit dem Bratfond beträufeln, die kalte Kräutercreme daneben setzen. Mit Petersilienblättchen garnieren. Dazu Salzkartoffeln, Butterreis oder Baguette servieren.

Fischfilet in Curry-Joghurt

Zutaten für 4 Personen:

700 g Fischfilet (zum Beispiel See-
hecht, Goldbarsch)

Salz

Pfeffer, frisch gemahlen

Saft von 1 Zitrone

300 g Vollmilchjoghurt

2 Eßl. Speisestärke

4 Möhren

1 Stange Lauch (etwa 300 g)

4 Knoblauchzehen

1 Stück frischer Ingwer (etwa 50 g)

1 getrocknete Chilischote

je 1 Teel. Kreuzkümmel und
Szechuan-Pfeffer

2 Gewürznelken

je 1 Messerspitze gemahlenes
Zitronengras und gemahlener Macis
(Muskatblüte)

10 Pimentkörner

6 Kardamomkapseln

2 Teel. Kurkuma, gemahlen

6 Eßl. Öl zum Braten

150 ml Gemüsebrühe

4 Eßl. Sauce double für Fisch (aus
dem Glas)

1 Bund Petersilie

Gelingt leicht

Pro Portion etwa:
1800 kJ/430 kcal
38 g Eiweiß · 22 g Fett
19 g Kohlenhydrate

• Zubereitungszeit: etwa
1 Stunde

1. Das Fischfilet in etwa 3 cm breite Streifen schneiden, salzen, pfeffern und mit dem Zitronensaft beträufeln. Den Joghurt mit der Hälfte der Speisestärke verrühren, quellen lassen. Die Möhren und den Lauch waschen, in Streifen beziehungsweise schräg in Scheiben schneiden. Den Knoblauch schälen und fein hacken.

2. Die Ingwerknolle schälen, quer zur Faser in Scheibchen, diese in feine Streifen schneiden. Die Gewürze zusammen in einem Mörser zerstoßen. Die Fischstreifen trockentupfen und in der restlichen Speisestärke wenden.

3. Das Öl im Wok oder in einer großen Pfanne erhitzen, das Gemüse unter ständigem Wenden rundum anbraten. Die Gewürzmischung darüber streuen und unter Rühren etwa 5 Minuten braten, dann die Fischstreifen dazugeben, kurz mitbraten.

4. Den Bratensatz mit der Brühe ablösen, die Sauce double und den Joghurt dazurühren und nur kurz erhitzen. Die Petersilie waschen, trockenschütteln und grob hacken. Fisch und Gemüse mit Salz und Pfeffer abschmecken. Mit gehackter Petersilie bestreut servieren. Dazu paßt körniger Basmati-Reis.

Nudeln mit Krabben-Kräutersahne

Zutaten für 4 Personen:

60 g Lauch (etwa 1/4 Lauchstange)

3 Knoblauchzehen

2 frische rote Peperoni

1 Bund gemischte Kräuter (mit Oregano, Thymian, Basilikum)

350 g Dinkel-Bandnudeln

3 Eßl. Olivenöl

1 Eßl. Mehl

1/8 l trockener Weißwein

200 g Sahnedickmilch oder Schmand

200 g Nordseekrabben

Salz · Pfeffer, frisch gemahlen

100 g Pecorino, frisch gerieben

Geht schnell

Pro Portion etwa:
2400 kJ/570 kcal
32 g Eiweiß · 19 g Fett
62 g Kohlenhydrate

- Zubereitungszeit: etwa 30 Minuten

1. Den Lauch waschen, putzen und ganz klein würfeln. Die Knoblauchzehen schälen und fein hacken. Die Peperoni waschen, längs aufschlitzen und unter fließendem Wasser die Kerne mit einem Messer auskratzen, die Schoten fein würfeln. Die Kräuter waschen, trockenschütteln und ohne die harten Stiele fein hacken.

2. Die Bandnudeln in reichlich Salzwasser in etwa 9 Minuten bißfest kochen. Inzwischen Lauch- und Knoblauchwürfel in dem Olivenöl anbraten. Das Mehl darüber streuen und mit dem Weißwein und der Sahnedickmilch aufgießen. Peperoni, die Krabben und die gehackten Kräuter einrühren, mit Salz und Pfeffer abschmecken. Die Nudeln abgießen, mit Sauce mischen und mit dem geriebenem Pecorino bestreut servieren.

Spaghetti mit Meeresfrüchten

Zutaten für 4 Personen:

400 g Miesmuscheln oder Vongole

4 Riesengarnelen

2 Knoblauchzehen

2 Eßl. Olivenöl

250 ml Weißwein · Salz

weißer Pfeffer, frisch gemahlen

4 kleine Schollenfilets

100 g kleine Garnelen

350 g Spaghetti

75 g Doppelrahm-Frischkäse

3 Eßl. Milch

3 Zweige frisches Basilikum

Aufwendig

Pro Portion etwa:
3000 kJ/710 kcal
71 g Eiweiß · 16 g Fett
64 g Kohlenhydrate

- Zubereitungszeit: etwa 1 Stunde

1. Die Muscheln waschen, die Bärte abziehen. Beschädigte und geöffnete Muscheln wegwerfen.

2. Die Riesengarnelen längs halbieren, den Darm auf der Rückenseite entfernen. Die Knoblauchzehen schälen und fein hacken. Die Garnelen mit Knoblauch in heißem Olivenöl kurz anbraten, herausnehmen. Den Wein angießen, aufkochen, salzen, pfeffern und die Muscheln darin etwa 5 Minuten garen, bis sie sich geöffnet haben. Aus dem Topf heben, das Muschelfleisch auslösen, geschlossene Schalen aber wegwerfen.

3. Die Schollenfilets schräg in Streifen schneiden, mit den Garnelen im gleichen Sud etwa 3 Minuten garen, herausheben. Den Sud vom Bodensatz abgießen und auf die Hälfte einkochen.

4. Die Spaghetti in reichlich kochendem Salzwasser in etwa 9 Minuten »al dente« kochen. Den Frischkäse zerdrücken und mit der Milch glattrühren. Das Basilikum waschen, trockenschütteln und fein hacken. Meeresfrüchte in der Sauce erwärmen, Frischkäsecreme und das Basilikum einrühren. Über die abgegossenen Spaghetti verteilen und servieren.

Im Bild oben:
Spaghetti mit Meeresfrüchten
Im Bild unten:
Nudeln mit Krabben-Kräutersahne

Lamm-Pilaw mit Joghurt

Zutaten für 4 Personen:
300 g Langkorn-Reis
125 g Korinthen
1 Becher Sahnejoghurt (200 g)
4 Eßl. Butterschmalz
3 Gewürznelken
je 1/2 Teel. gemahlener Zimt und Kardamom
1/2 l Fleischbrühe
500 g mageres Lammfleisch (Keule)
Salz · Pfeffer, frisch gemahlen
1 Bund Petersilie

Raffiniert

Pro Portion etwa:
3400 kJ/810 kcal
31 g Eiweiß · 41 g Fett
77 g Kohlenhydrate

- Zubereitungszeit: etwa 30 Minuten
- Einweichzeit: 1 Stunde

1. Den Reis waschen und in kaltem Wasser etwa 1 Stunde einweichen. Die Korinthen waschen, unter den Joghurt rühren und quellen lassen.

2. Den Reis auf einem Sieb abtropfen lassen. 2 Eßlöffel vom Butterschmalz erhitzen. Die Nelken etwas zerdrücken, mit dem Zimt und dem Kardamom darin anrösten. Reis zugeben und unter Rühren glasig braten. Die Fleischbrühe angießen, umrühren und zugedeckt etwa 15 Minuten garen.

3. Das Lammfleisch in etwa 2 cm große Würfel schneiden und portionsweise in einer Pfanne im restlichen Butterschmalz kurz, aber scharf anbraten, mit Salz und Pfeffer würzen.

4. Lammwürfel und Joghurt mit Korinthen unter den Reis mischen, auf der abgeschalteten Herdplatte etwa 5 Minuten ziehen lassen. Die Petersilie waschen, trockenschütteln, grob hacken und unter den Pilaw rühren.

Fleisch-bällchen in Zitronensauce

Zutaten für 4 Personen:
500 g Rinderhackfleisch
150 g Couscous-Grieß (aus dem Reformhaus, Bioladen)
2 mittelgroße Zwiebeln
6 Knoblauchzehen
4 Eßl. Tomatenmark
2 Teel. türkische Paprikaflocken
2 unbehandelte Zitronen · Salz
Pfeffer, frisch gemahlen
1 l leichte Fleischbrühe · 2 Eier
150 g Vollmilchjoghurt
1 Teel. Paprikapulver, rosenscharf
2 Eßl. Petersilie, frisch gehackt

Pikant-würzig

Pro Portion etwa:
2200 kJ/520 kcal
38 g Eiweiß · 23 g Fett
39 g Kohlenhydrate

- Zubereitungszeit: etwa 1 Stunde

1. Das Hackfleisch in einer Schüssel mit dem Couscous-Grieß vermischen. Die Zwiebeln und den Knoblauch schälen, grob würfeln und im Blitzhacker pürieren. Mit dem Tomatenmark, den Paprikaflocken, Salz und Pfeffer zum Fleisch geben und mindestens 10 Minuten gut verkneten.

2. Die Zitronen heiß abwaschen, 1–2 Teelöffel Schale abreiben und unter das Hack mischen, etwa 15 Minuten quellen lassen, dann nochmals durchkneten und zu gut walnußgroßen Klößchen formen.

3. In einem breiten Topf die Brühe aufkochen, die Klößchen einlegen und etwa 15 Minuten bei schwacher Hitze halb zugedeckt ziehen lassen, gelegentlich den Topf rütteln, damit die Klöße gleichmäßig garen. Den Backofen auf 75 ° vorheizen.

4. Die Zitronen auspressen. Die Eier mit dem Zitronensaft und dem Joghurt glatt verquirlen. Die Klößchen mit einem Schaumlöffel auf eine Platte heben, im Ofen warm stellen.

5. Die Eiermischung in die heiße, nicht kochende Brühe quirlen und unter Rühren nur so lange erhitzen, bis die Sauce leicht gebunden ist. Mit Salz und Pfeffer nachwürzen, über die Klößchen gießen, zum Servieren mit dem Paprikapulver und Petersilie bestreuen.

Bild oben:
Lamm-Pilaw mit Joghurt
Bild unten:
Fleischbällchen in Zitronensauce

Nieren auf griechische Art

Zutaten für 4 Personen:

500 g Lamm- oder Schweinenieren

3 Becher Bulgarajoghurt (à 175 g)

1 Zitrone · 2 Knoblauchzehen

1/4 Teel. Zimtpulver

2 Gewürznelken

2 Kardamomkapseln

1 Teel. getrocknete Pfefferminze

Salz · Pfeffer, frisch gemahlen

2 Teel. Speisestärke

1 Teel. scharfer Senf

1 Bund Lauchzwiebeln

1 rote Paprikaschote

2 Eßl. Olivenöl

2 Eßl. gehackte Petersilie

Dauert etwas

Pro Portion etwa:
1300 kJ/310 kcal
27 g Eiweiß · 16 g Fett
16 g Kohlenhydrate

- Zubereitungszeit: etwa
  40 Minuten
- Marinierzeit: 8 Stunden

1. Die Nieren längs halbieren, etwa 30 Minuten wässern, mit Küchenpapier trocknen und sauber putzen. Eine Marinade aus dem Joghurt, 2 Eßlöffeln Zitronensaft, den geschälten und zerdrückten Knoblauchzehen, dem Zimt, den zerstoßenen Nelken und dem Kardamom (nur die schwarzen Kerne), der Minze, Salz und Pfeffer rühren. Die Nieren darin über Nacht im Kühlschrank ziehen lassen.

2. Am nächsten Tag die Nieren aus der Marinade nehmen, sorgfältig trockentupfen. Die Marinade mit der Speisestärke und dem Senf verrühren, quellen lassen. Die Lauchzwiebeln waschen, putzen und in Scheiben schneiden, ebenso die geputzte Paprikaschote. Beides im Olivenöl andünsten.

3. Die Nieren in etwa 1 cm dicke Scheiben schneiden, unter Wenden mitbraten, bis der Schmorsaft verdampft ist und die Nieren leicht bräunen. Salzen, pfeffern, den restlichen Zitronensaft zugeben und einkochen, bis die Flüssigkeit leicht karamelisiert.

4. Die Pfanne vom Herd nehmen, die Joghurtmarinade einrühren. Kurz aufkochen, nachwürzen. Mit Petersilie bestreut zu Kartoffelpüree servieren.

Leber und Niere in Weinblättern

Zutaten für 4 Personen:

250 g Kalbs- oder Lammnieren

250 g Kalbs- oder Lammleber

2 Eßl. Mehl · 2 Eßl. Olivenöl

200 g eingelegte Weinblätter

Salz · Pfeffer, frisch gemahlen

1 Zwiebel · 6 Knoblauchzehen

200 ml Weißwein

Saft von 1 Zitrone

2 Becher Bulgarajoghurt (à 175 g)

1 gehäufter Teel. Speisestärke

1 Eßl. Butter

2 Eßl. frisch gehackter Dill oder Zitronenmelisse

Für Gäste

Pro Portion etwa:
1500 kJ/360 kcal
26 g Eiweiß · 17 g Fett
16 g Kohlenhydrate

- Zubereitungszeit: etwa
  40 Minuten

1. Die Nieren und die Leber putzen, in etwa 4 cm große Stücke schneiden. In dem Mehl wenden und im heißen Öl etwa 3 Minuten anbraten, aus der Pfanne nehmen und zur Seite stellen. Die Weinblätter heiß abspülen. Leber- und Nierenstücke salzen und pfeffern, in die Weinblätter hüllen, mit der gehackten Zwiebel und 2 gehackten Knoblauchzehen im verbliebenen Öl sachte anschmoren.

2. Den Weißwein und den Zitronensaft angießen, etwa 20 Minuten zugedeckt schmoren lassen. Inzwischen den Joghurt mit der Speisestärke verquirlen. Die restlichen Knoblauchzehen schälen und hacken, in der Butter bei mäßiger Hitze braten, bis sie ganz leicht bräunen. Den Joghurt dazugießen und erhitzen, aber nicht kochen lassen. Mit Salz und Pfeffer abschmecken. Die Leber- und Nierenpäckchen auf dem heißen Joghurt anrichten. Mit den Kräutern bestreuen. Dazu Gemüse und Tomatenreis servieren.

Im Bild oben:
Nieren auf griechische Art
Im Bild unten:
Leber und Niere in Weinblättern

Hähnchen-schenkel mit Frischkäse

Ein wenig Arbeit macht das Auslösen der Knochen aus den Hähnchenschenkeln, aber dafür lohnt das Ergebnis die Mühe: saftiges Fleisch in einer cremigen Sauce.

Zutaten für 4 Personen:
4 große frische Hähnchenschenkel (à 200 g)
100 g Ziegen-Frischkäse oder Doppelrahm-Frischkäse
1 Bund Basilikum
Salz
Pfeffer, frisch gemahlen
2 Zwiebeln
4 Knoblauchzehen
4 Eßl. Olivenöl
1 Teel. getrockneter Rosmarin
100 ml Hühnerbrühe

Braucht etwas Zeit

Pro Portion etwa:
1700 kJ/400 kcal
45 g Eiweiß · 22 g Fett
4 g Kohlenhydrate

• Zubereitungszeit: etwa
  1 1/4 Stunden

1. Die Hähnchenschenkel waschen und mit Küchenpapier gut trocknen, auf die Arbeitsfläche legen und im Gelenk durchschneiden. Die Knochen auslösen, dafür an den Enden der Unterschenkel die Haut und die Sehnen durchtrennen, bei Ober- und Unterschenkeln mit dem Messer das Fleisch auf beiden Seiten von den Knor-

peln lösen, danach lassen sich die Knochen durch kräftiges Ziehen leicht herausziehen, die Schenkelstücke sollten dabei nicht zerreißen.

2. Den Frischkäse (eventuell abgetropft) mit einer Gabel zerdrücken. Das Basilikum waschen, trockenschütteln und fein hacken, unter den Frischkäse rühren, mit Salz und Pfeffer pikant abschmecken.

3. Die Knochenhöhlung der Schenkelstücke mit der Käsemasse füllen, die Oberschenkel wie Rouladen wickeln und mit Zahnstochern zusammenhalten, die Unterschenkel sollten auch so ihre Form behalten, notfalls mit Küchengarn zusammenbinden. Die Fleischstücke außen rundum salzen und pfeffern.

4. Die Zwiebeln und die Knoblauchzehen schälen und grob hacken. Das Olivenöl in einer großen Deckelpfanne erhitzen, die Hähnchenstücke darin anbraten, beim Wenden die Zwiebel- und Knoblauchwürfel zugeben und mit dem Rosmarin bestreuen.

5. Wenn alles gut gebräunt ist, die Hühnerbrühe aufgießen und das Gericht zugedeckt etwa 30 Minuten schmoren lassen, danach nochmals abschmecken. Zu Salzkartoffeln oder Reis servieren.

Variante:
Hähnchenbrust-Rouladen

Für 4 Personen 4 Hähnchenbrustfilets zu je 150 g waschen, mit Küchenpapier trocknen und mit der flachen Seite des Fleischklopfers flach klopfen. 150 g Champignons säubern, hacken und mit 1 kleinen, gewürfelten Zwiebel in Butter andünsten, etwas abkühlen lassen. Mit 1 Ei und 100 g Doppelrahm-Frischkäse vermischen, mit Salz und zerdrückten grünen Pfefferkörnern würzen. Die Brustfilets mit der Frischkäsemischung bestreichen, aufrollen, außen salzen und pfeffern und mit Küchengarn zu Rouladen binden. In etwas Mehl wenden, überschüssiges abklopfen. Die Rouladen in Butterschmalz bei mittlerer Hitze etwa 15 Minuten rundum anbraten, etwas Weißwein angießen und zugedeckt noch etwa 20 Minuten schmoren lassen. Mit gehackter Petersilie bestreut servieren.

Die Kräuterkäsefüllung schmilzt beim Schmoren, würzt das Fleisch und gibt eine leckere cremige Sauce.

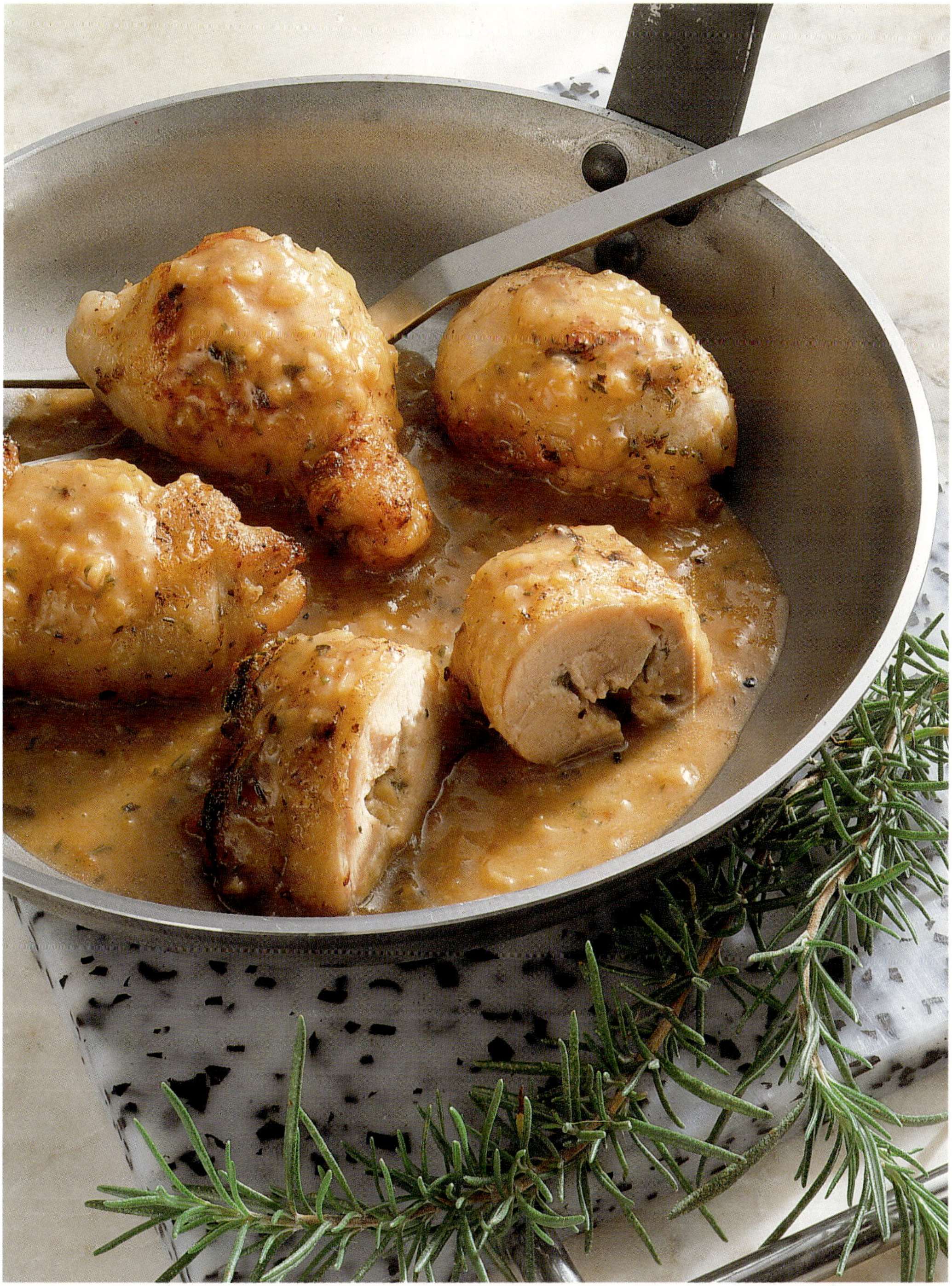

Türkisches Hähnchen mit Joghurt

Ein Gericht für heiße Tage. Die Schärfe läßt die Hitze besser ertragen, und dazu wird kalter Joghurt serviert, der erfrischt und die Chili-Würze mildert.

Zutaten für 4 Personen:

4 frische fleischige Hähnchen-schenkel (etwa 800 g)
Salz · Pfeffer, frisch gemahlen
3 Eßl. Olivenöl, kaltgepreßt
2 Eßl. Butterschmalz
2 große Zwiebeln
4 Knoblauchzehen
500 g Tomaten · 6 Möhren
4 grüne längliche türkische Paprika-schoten oder 2 grüne Paprikaschoten
1 frische grüne Chilischote
je 1 Teel. Koriander- und Pimentkörner
2 Gewürznelken
1–2 rote getrocknete Chilis oder
1 Teel. türkische Paprikaflocken (in türkischen Lebensmittelgeschäften)
je 1 Teel. Thymian und Rosmarin
2 Lauchzwiebeln · 1/2 Salatgurke
400 g Bulgarajoghurt (3,5% Fett)
1 Teel. Kreuzkümmel (Cumin)
2 Eßl. gehackte Petersilie

Pikant-würzig

Pro Portion etwa:
2200 kJ/520 kcal
50 g Eiweiß · 24 g Fett
25 g Kohlenhydrate

- Zubereitungszeit: etwa
  1 Stunde 10 Minuten

1. Die Hähnchenschenkel abspülen, mit Küchenpapier gut trockentupfen und jeweils im Gelenk zerteilen. Die Stücke rundum mit Salz und Pfeffer einreiben.

2. Vom Olivenöl 2 Eßlöffel zusammen mit dem Butterschmalz in einem großen Schmortopf erhitzen, die Hähnchenstücke rundum in etwa 10 Minuten schön braun braten.

3. Die Zwiebeln und die Knoblauchzehen schälen, Zwiebeln in große Stücke schneiden, 2 Knoblauchzehen hacken. Die Tomaten mit kochendem Wasser überbrühen, häuten, vierteln und entkernen. Die Möhren schälen, längs vierteln, in 4 cm lange Stücke schneiden.

4. Die Paprikaschoten waschen, putzen, längs aufschlitzen und entkernen, Trennwände entfernen und die Schoten in Stücke schneiden. Die Chilischote waschen, aufschlitzen und unter fließendem Wasser entkernen, in kleine Würfel schneiden. Achtung, Hände nicht an die Augen bringen, das brennt wie Feuer.

5. Nach der Bratzeit die Hähnchenstücke aus dem Topf nehmen, Zwiebelstücke und Knoblauch im verbliebenen Fett anbraten, dann Möhren, Paprika und Chiliwürfel zugeben.

6. Die Koriander- und Pimentkörner, die Nelken und die getrocknete Chili oder die Paprikaflocken, den Thymian und den Rosmarin in einem Mörser zerstampfen, über das Gemüse streuen. Die Hähnchenstücke wieder in den Topf geben, die Tomatenstücke darüber verteilen, salzen und pfeffern. Zugedeckt etwa 25 Minuten leise schmoren lassen.

7. Inzwischen die Lauchzwiebeln waschen, putzen und in Ringe schneiden. Für die Joghurtsauce die Salatgurke schälen, auf einer Rohkostreibe raspeln und mit dem gut gekühlten Joghurt vermischen, mit Salz und Pfeffer abschmecken. Die übrigen 2 Knoblauchzehen mit 1 Teelöffel Kreuzkümmel im Mörser zerstoßen und unter den Joghurt rühren. In Schüsselchen füllen, mit der gehackten Petersilie bestreuen und den übrigen 1 Eßlöffel Olivenöl darüber träufeln, nicht unterrühren.

8. Den Hähnchentopf in einer Steingutform anrichten, die Lauchzwiebeln darüber streuen. Den Joghurt extra servieren.

Tip!

Dazu paßt roter Bulgur:
2 Tassen Bulgur mit 3 Tassen Fleisch- oder Gemüsebrühe, 2 Eßlöffeln Tomatenmark, Saft und geraspelter Schale von 1/2 Zitrone aufkochen und zugedeckt 10–12 Minuten ausquellen lassen.

Dieses pikante sommerliche Gericht belebt durch den Kontrast zwischen der Schärfe des Fleisches und der sanften Sauce.

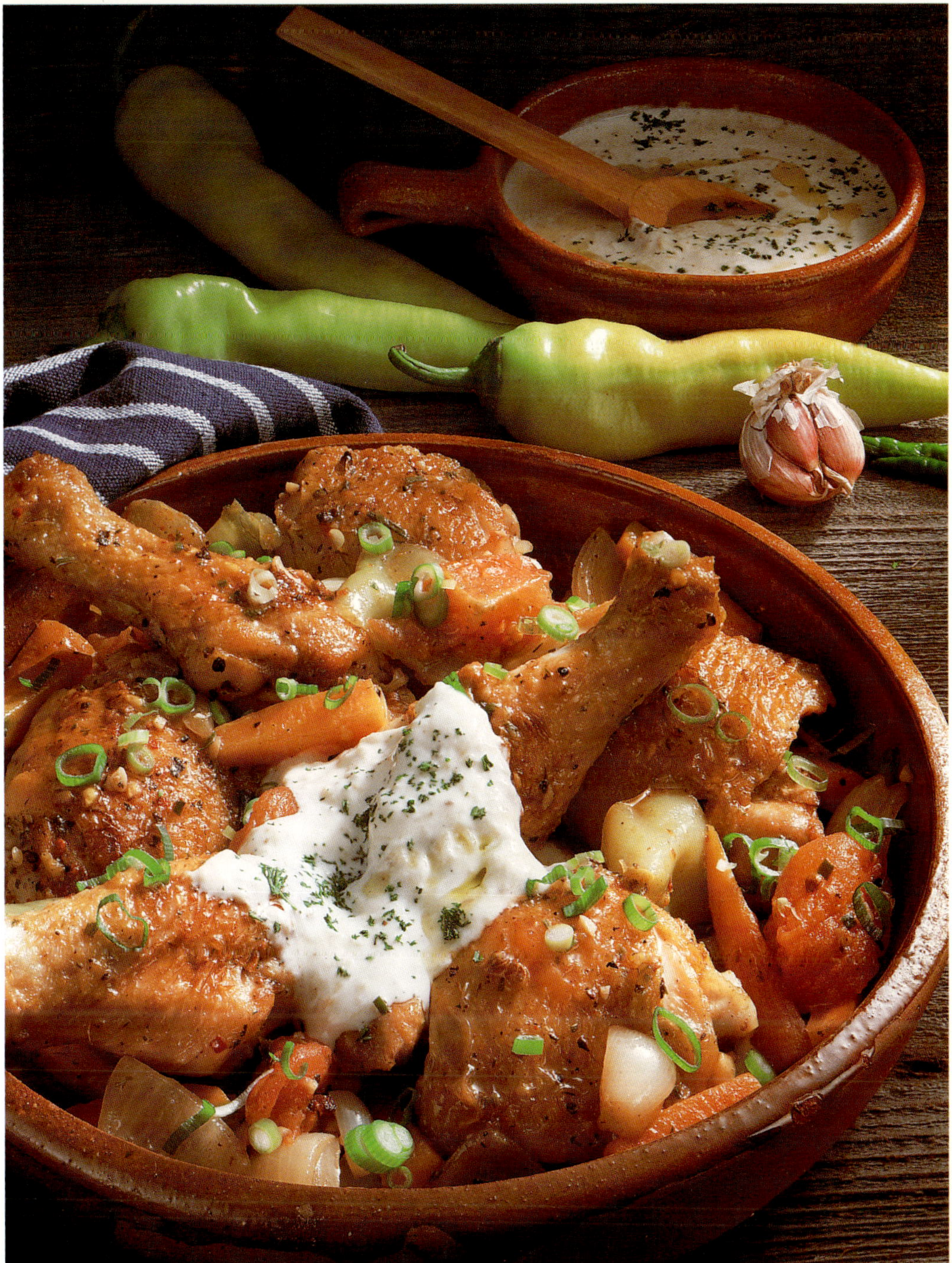

Dickmilch-Eis

Zutaten für 4 Personen:
75 g heller Honig (Kleehonig)
375 ml Dickmilch (3,5% Fett i. Tr.)
75 ml Sahne
1 Päckchen echter Vanillezucker
1 unbehandelte rosa Grapefruit
2 Eßl. Zucker

Ganz einfach

Pro Portion etwa:
1000 kJ/240 kcal
4 g Eiweiß · 9 g Fett
37 g Kohlenhydrate

• Zubereitungszeit: etwa
  30 Minuten
• Kühlzeit: 3 Stunden

1. Den hellen Honig leicht erwärmen, damit er dünnflüssiger wird. Unter die gut gekühlte Dickmilch quirlen.

2. Die Sahne mit dem Vanillezucker steif schlagen, unter die Dickmilch heben. In eine Metallschüssel füllen und ins Gefrierfach stellen. Mindestens 3 Stunden gefrieren lassen.

3. Die Grapefruit heiß abwaschen, mit einem Zitrusschalenreißer gut 2 Eßlöffel voll Schale abraspeln. Grapefruit auspressen, den Saft mit dem Zucker zu Sirup kochen, die Schalenstreifen darin ziehen lassen, dann kühl stellen.

4. Das Dickmilch-Eis 30–45 Minuten im Kühlschrank cremig werden lassen, dann portionieren und mit Grapefruitsirup und Schalenstreifen übergießen.

Joghurt-Eis auf Beeren-Ratatouille

Zutaten für 6 Personen:
450 g Joghurt (3,5% Fett i. Tr.)
60 g Zucker
1/2 Teel. Zimtpulver · 100 g Sahne
Beeren-Ratatouille:
1 Stück frischer Ingwer (etwa 25 g)
50 g Zucker
1/8 l Rotwein oder Traubensaft
je 250 g Himbeeren und Brombeeren, frisch oder tiefgekühlt
Zitronenmelisse zum Garnieren

Für Gäste

Pro Portion etwa:
930 kJ/220 kcal
4 g Eiweiß · 8 g Fett
28 g Kohlenhydrate

• Zubereitungszeit: etwa
  30 Minuten
• Kühlzeit: 4 Stunden

1. Den Joghurt mit dem Zucker und dem Zimt cremig schlagen. Die Sahne steif schlagen und unterheben. In eine Metallschüssel füllen und ins Gefrierfach stellen, bis das Eis cremigfest geworden ist.

2. Für das Beeren-Ratatouille den frischen Ingwer schälen und in feinste Würfelchen schneiden. Den Zucker in einem kleinen Topf mit 1 Teelöffel Wasser anfeuchten und schmelzen lassen. Die Ingwerwürfel darin dünsten, bis der Zucker hell karamelisiert ist. Mit dem Rotwein oder dem Traubensaft aufgießen, etwas einkochen lassen.

3. Die Beeren (frische gewaschen und abgetropft) darin schwenken, bis sie heiß beziehungsweise aufgetaut sind. Die Beeren auf Schälchen verteilen, von dem Eis mit dem Portionierer Kugeln abstechen und auf das Beeren-Ratatouille setzen. Mit gewaschenen, trockengeschüttelten Zitronenmelisseblättchen garnieren.

Tip!

Die Geschmacksrichtung kann beliebig variiert werden: Für Zitroneneis gibt man fein gehackte überbrühte Zitronenschale (von einer unbehandelten Frucht) und Zitronensaft dazu. Krokanteis wird mit fertigem Krokant vermischt. Ein Granatapfeleis erhält man, wenn man 2 Granatäpfel mit der Zitruspresse auspreßt und den Saft dazugibt (oder mit Grenadine, also Granatapfelsirup, süßt). Für ein Feigeneis werden 4 frische Feigen geschält und das zerdrückte Fruchtfleisch untergerührt.

Im Bild oben: Dickmilch-Eis
Im Bild unten:
Joghurt-Eis auf Beeren-Ratatouille

Tiramisu leicht

Mit Sahnequark, aber ohne Eier zubereitet. Für echtes italienisches Tiramisu wird fetter Mascarpone, ein sahniger Frischkäse, noch mit Mandellikör, Eigelben und steif geschlagenem Eiweiß vermischt – das ergibt natürlich eine gewaltige Kalorienbombe.

Zutaten für 4 Personen:
2 Täßchen Espresso-Kaffee (aus Instant-Pulver zubereitet)
150 g Sahne
3 Eßl. heller flüssiger Honig
250 g Sahnequark
1 Päckchen Löffelbiskuits (75 g)
2 Eßl. Kakao
Kakao oder Raspel-Schokolade zum Garnieren

Für Gäste

Pro Portion etwa:
1500 kJ/360 kcal
10 g Eiweiß · 23 g Fett
31 g Kohlenhydrate

- Zubereitungszeit: etwa 40 Minuten
- Kühlzeit: 2 Stunden

1. Aus Instantpulver 2 Täßchen Espresso bereiten. Die Sahne zu steifem Schnee schlagen. Den Honig mit dem Sahnequark verrühren, eventuell etwas Milch zugeben, bis der Quark cremig ist. Erst etwas Sahne zum Lockern unterrühren, dann die restliche Sahne unterheben.

2. Etwas von der Creme in eine flache Schüssel streichen, die Löffelbiskuits mit der fla-chen, ungezuckerten Seite sekundenlang in Espresso tauchen und schichtweise, mit dem Kakao bestreut, abwechselnd mit Quarkcreme in die Schüssel füllen. Mit Creme abschließen.

3. Das Tiramisu etwa 2 Stunden kalt stellen. Vor dem Servieren mit einer dicken Schicht Kakaopulver oder Raspel-Schokolade bestäuben.

Obstsalat aus Erdbeeren und Kirschen

Zutaten für 4 Personen:
1 Grapefruit
250 g Erdbeeren
250 g Kirschen
2 Becher Vollmilchjoghurt (à 150 g)
2 Eßl. Zucker
3 Eßl. Zitronensaft
1 reife Banane
2 Zweige Zitronenmelisse

Ganz einfach

Pro Portion etwa:
760 kJ/180 kcal
5 g Eiweiß · 3 g Fett
35 g Kohlenhydrate

- Zubereitungszeit: etwa 30 Minuten

1. Die Grapefruit mit einem scharfen Messer dick bis ins Fruchtfleisch schälen, die Zitrusspalten zwischen den harten Trennhäuten herauslösen, dabei den Saft auffangen. Die Spalten quer halbieren.

2. Die Erdbeeren waschen, Stiele und Blättchen entfernen. Die Früchte halbieren. Die Kirschen waschen und entsteinen. Die Früchte mit den Grapefruitstücken vermischen.

3. Den Joghurt mit dem Zucker und dem Zitronensaft verrühren. Die Banane schälen und fein zerdrücken, unter den Joghurt rühren. Die Zitronenmelisse waschen, trockenschleudern und fein hacken, unter die Sauce mischen. Über die Früchte gießen, erst am Tisch vorsichtig vermischen.

Variante:
Joghurt-Schaum
Einen Beutel Dessertschaum nach Packungsangabe mit Milch aufschlagen, einen Becher Joghurt und Zucker nach Bedarf unterrühren. Mit Zitronensaft abschmecken und die gut abgetropften Früchte unterheben. In Gläser füllen und mit Zitronenscheiben garniert servieren.

Im Bild oben: Tiramisu leicht
Im Bild unten: Obstsalat aus Erdbeeren und Kirschen

Bibbeleskäse auf Holundersauce

Bibbeleskäse wird in Baden ein trockener Quark genannt, weil damit früher die kleinen Küken gefüttert wurden.

Zutaten für 4 Personen:

3 Eiweiß

150 g Sahne

1/2 unbehandelte Zitrone

250 g Quark

3 Eßl. Zucker

1 Päckchen Vanillezucker

Für die Sauce:

250 ml Holundersaft

1 Zimtstange

Saft von 1/2 Zitrone

2–3 Eßl. Zucker

1 Teel. Speisestärke

Dauert etwas

Pro Portion etwa:
1400 kJ/330 kcal
12 g Eiweiß · 19 g Fett
31 g Kohlenhydrate

- Zubereitungszeit: etwa 40 Minuten
- Kühlzeit: 4 Stunden

1. Die Eiweiße und die Sahne getrennt steif schlagen. Die Zitrone heiß waschen, etwa 1 Teelöffel Schale abreiben. Den Quark mit dem Zucker, dem Vanillezucker, etwas Zitronensaft und geriebener Zitronenschale vermischen. Den Eischnee und die Sahne unterheben.

2. Die Quarkmasse in ein mit einem Mulltuch ausgelegtes Sieb füllen, in den Kühlschrank stellen und etwa 4 Stunden abtropfen lassen.

3. Für die Sauce den Holundersaft mit der Zimtstange, dem Zitronensaft, dem Zucker und der mit etwas Wasser angerührten Speisestärke aufkochen, auf Teller gießen. Die trockene Quarkmasse mit 2 Eßlöffeln zu Nocken formen und auf der Sauce anrichten.

Dickmilch-Wackelpeter

Zutaten für 4 Personen:

450 ml Dickmilch

50 g Sahne

100 g Zucker

1/2 Zitrone, unbehandelt

1 Päckchen weiße Gelatine

350 g Beeren zum Verzieren

Preiswert

Pro Portion etwa:
1100 kJ/260 kcal
6 g Eiweiß · 8 g Fett
36 g Kohlenhydrate

- Zubereitungszeit: etwa 30 Minuten
- Kühlzeit: 6 Stunden

1. Die Dickmilch mit der Sahne und 75 g Zucker gut verrühren. Die Zitrone heiß abwaschen, etwa 1 Teelöffel Schale abreiben, Zitrone auspressen. Saft und Schale unter die Dickmilch rühren.

2. Die Gelatine nach Packungsangabe einweichen, in ganz wenig Wasser bei milder Hitze auflösen und unter die Dickmilch mischen. In eine kalt ausgespülte Puddingform oder, noch schöner, in Portionsförmchen füllen und mindestens 6 Stunden in den Kühlschrank stellen.

3. Zum Servieren die Form oder die Förmchen kurz in heißes Wasser tauchen und den Wackelpeter auf eine Platte oder auf Tellerchen stürzen.

4. Die Beeren waschen, abtropfen lassen und in dem restlichen Zucker wenden, den Dickmilch-Wackelpeter damit garnieren.

Im Bild oben: Bibbeleskäse auf Holundersauce
Im Bild unten: Dickmilch-Wackelpeter

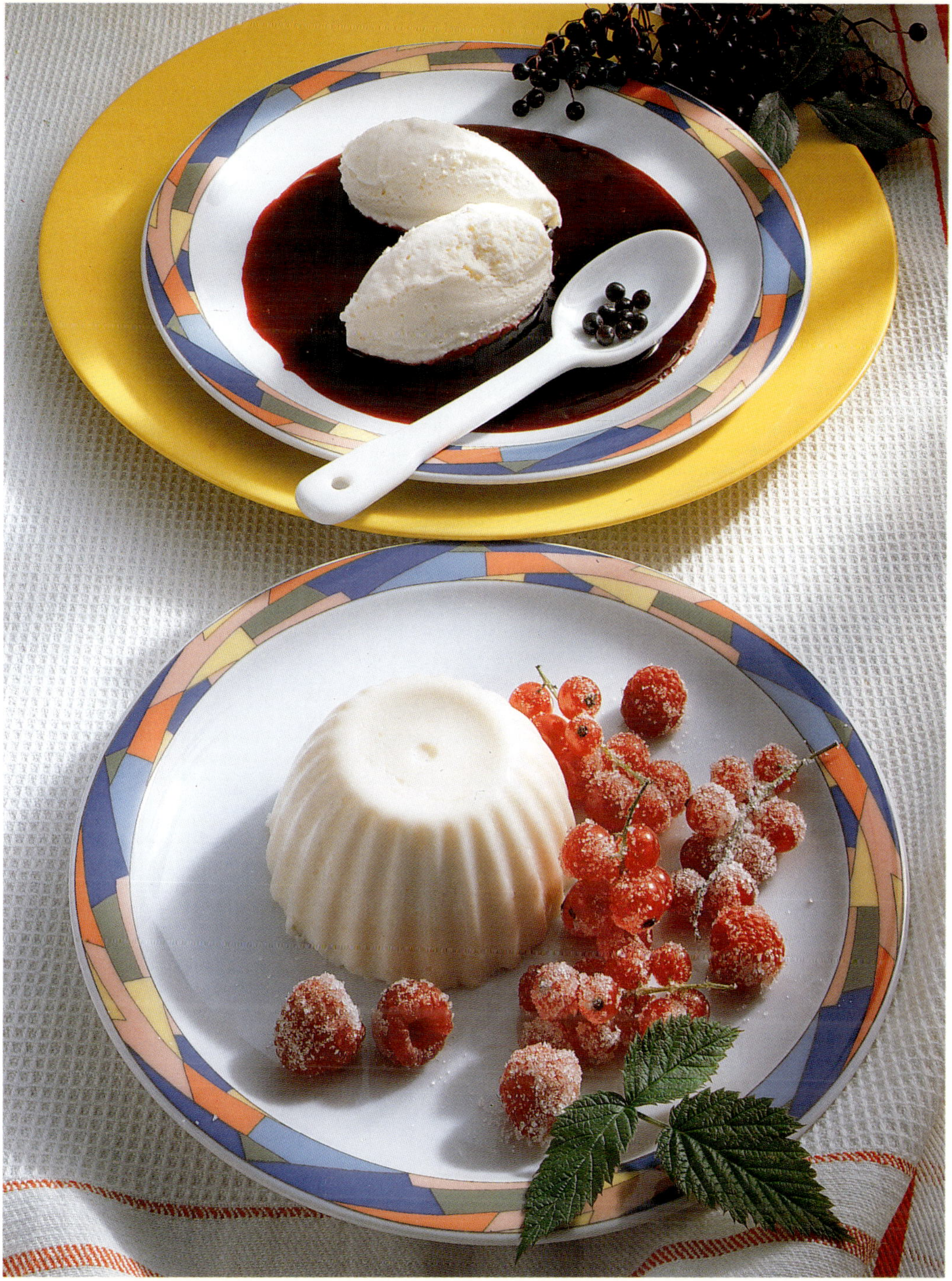

Zum Gebrauch

Damit Sie Rezepte mit bestimmten Zutaten noch schneller finden können, stehen in diesem Register zusätzlich auch Hauptzutaten wie Tomaten oder Gurken – ebenfalls alphabetisch geordnet und halbfett gedruckt – vor den entsprechenden Rezepten.

IMPRESSUM

Umschlag-Vorderseite:
Das Rezept für das türkische
Hähnchen mit Joghurt finden
Sie auf Seite 54.

Redaktion: Ulla Thomsen
Layout: Ludwig Kaiser
Fotos: Odette Teubner
Umschlaggestaltung:
Heinz Kraxenberger
Satz: Computersatz Wirth,
Regensburg
Reproduktionen: Otterbach,
Rastatt
Druck und Bindung: Kaufmann,
Lahr
ISBN 3-7742-1917-6

Auflage   5. 4. 3. 2. 1.
Jahr   1999 98 97 96 95

Reinhardt Hess
entdeckte schon früh seine Lei-
denschaft fürs Kochen. Er arbei-
tete nach dem Studium der
Germanistik und Geographie
als Redakteur bei der größten
deutschen Zeitschrift für Essen
und Trinken sowie in Buchverla-
gen. Jetzt schreibt er als freier
Journalist Kochbücher und steht
dabei selbst in der Küche, um
die auf Reisen gesammelten
Rezepte und eigene neue
Ideen auszuprobieren.

Odette Teubner
wurde durch ihren Vater, den
international bekannten Food-
Fotografen Christian Teubner,
ausgebildet. Heute arbeitet sie
ausschließlich im Studio für
Lebensmittelfotografie Teubner.
In ihrer Freizeit ist sie begeister-
te Kinderporträtistin – mit dem
eigenen Sohn als Modell.